A párválasztás páratlan rejtelmei

Isten alapelvei a kapcsolatokról, a randevú-
zásról és a házasságról

Vladimir Savchuk

Ajánlás

Ajánlom ezt a könyvet minden egye-
dülállónak, aki szeretne felkészülni a
párválasztásra.

Tartalomjegyzék

Bevezetés

ár korai tinédzserkoromban felfedeztem, hogy Isten nem áldott meg engem a cölibátus ajándékával. Bár vonzó volt az ötlet, hogy Keresztelő Jánoshoz hasonlóan, minden zavaró tényező nélkül szolgáljam Istent, ahogy Pál apostol is javasolja, tudtam hogy én erre az életmódra alkalmatlan vagyok. Vágytam a házasságra, ez azt bizonyította a szememben, hogy a nőtlenség nem nekem való.

Szláv pünkösdi családból származom, ahol tizenegyedik parancsolatként működött az az elv, hogy fiatalon házasságot kell kötni és minél több gyermeket kell vállalni. A szüleim (akik már több mint 32 éve együtt vannak) fiatalon házasodtak, és apám mindössze két hónap ismeretség után vette el anyámat. Tehát arra számítottam, hogy ez a generációs áldás, hogy nagyon fiatalon és gyorsan házasodjunk, velem is folytatódni fog. De ez az én életemben nem így alakult.

A szüleim már egészen kicsi koromtól kezdve belém nevelték az istenfélelmet, és tinédzserként sok könyvet olvastam a randizásról és az udvarlásról, például az „I Kissed Dating Goodbye" (Búcsút mondtam a randizásnak) című könyvet is. Tehát tudtam, hogy a házasságról szóló döntéshez a lelkészem bevonása és a szüleim áldása szükséges. Elhatároztam, hogy nem teszek semmit az ő támogatásuk nélkül.

Tizennyolc éves koromtól kezdve rendszeresen odamentem a lelkészemhez, és elmondtam neki, hogy belezúgtam valakibe. Ő ilyenkor mindig megdorgált: „Ő nem neked való". Aztán néhány hónap múlva újra előálltam egy másik lány nevével, és ő ugyanazokkal a szavakkal válaszolt. Ez odáig fajult, hogy féltem elmondani a lelkészemnek az érzéseimet. Az a gyanúm támadt, hogy a lelkészem nem akarja, hogy megházasodjam, hanem azt szeretné, hogy olyan legyek, mint egy katolikus pap, aki csak a szolgálatnak szenteli magát.

Néhány sikertelen házasodási kísérlet után úgy döntöttem, hogy teljes egészében felfüggesztem és Isten kezébe adom a kapcsolatok kérdését. Tudom, hogy egy lelkipásztor szájából ez túlságosan elvontnak tűnik, de néha nekünk, lelkipásztoroknak a legnehezebb ezt elengedni és Istenre bízni! És lám, néhány évvel azután, hogy elengedtem ezt az egész ügyet, egy Svetka Zdorova nevű lány megjelölt engem ismerősként a Facebookon. (Később tudtam meg, hogy nem ez az igazi vezetékneve). Ez még abban az időben történt, amikor fenntartottam egy személyes fiókot, ami lehetővé tette, hogy barátokat fogadjak. Szingli voltam, így nem volt semmi kivetnivaló abban, ha megnézem a profilját. Végignéztem a fotóit, és tetszett, amit láttam.

Ám már elég okos voltam és tudtam, hogy a fotók nem mindig tárják fel az ember valódi lényét, és hogy nem kizárólag a fizikai megjelenés szükséges az igazi kiteljesedéshez. Salamon ezt a saját kárán tanulta meg, nem csoda, hogy ezt mondta: a jó megjelenésű nő diszkréció nélkül olyan, mint a disznó arany karikával az orrában. Ugyanez az elv a fiúkra is vonatkozik. A külsőség tartalom nélkül olyan, mint az ékszer a disznón.

Láttam, hogy Svetka rendszeresen látogatja a *Generation for Truth (Az igazság generációja)* nevű közösség ifjúsági rendezvényeit. Nagyon jól ismertem ezt az ifjúsági szolgálatot. Egy ideje már barátok voltunk az ifjúsági lelkipásztorral, és gyakran beszéltem a táboraikban és ifjúsági istentiszteleteiken. Amikor megtudtam, hogy ez a lány a Facebookról ebbe a gyülekezetbe jár, annyira felcsigázta a kíváncsiságomat, hogy elhatároztam, a következő alkalommal, amikor ott leszek, kicsit szemügyre veszem. Nem sokkal később meghívtak, hogy beszéljek egy vasárnap esti ifjúsági istentiszteleten. Küldetéssel és céllal mentem: hátha találkozhatom vele.

Bocsássa meg nekem a Jóisten, hogy az üzenet alatt nem voltak tiszták az indítékaim, és teljesen máson járt az eszem, nem azon, amiről beszéltem. Észrevettem, hogy a második sorban ül. Utána már nem is érdekelt az, amiről beszéltem. Alig vártam, hogy végre befejezhessem, hogy beszélhessek vele arról, hogy mennyire tetszett neki az az üzenet, amelyre én magam is alig tudtam odafigyelni.

Egyedülálló szónokként és lelkipásztorként sokkal nehezebb nőkkel beszélgetni. Számomra különösen nehéz volt, mert introvertált voltam és vagyok, így néha nagyon esetlenül tudok viselkedni, ha beszélgetnem kell valakivel.

Röviden összefoglalva a történetet: sikerült megszereznem Svetka (ma Lana néven ismerik) telefonszámát. Néhány hónapig jártunk, megkértem a kezét, és összeházasodtunk. Később elmesélem, honnan tudtam, hogy ő az igazi, és hogyan szakítottam vele az első randink után. De most hagyjuk az én történetemet.

Ha most vetted a kezedbe ezt a könyvet, akkor valószínűleg egyedülálló vagy és szeretnél megházasodni. Talán kapcsolatban élsz, de nem vagy biztos abban, hogy ez a kapcsolat megegyezik-e Isten akaratával. Talán olyan helyzetben vagy, amikor a kapcsolatok

még nem szerepelnek a terveidben vagy a lehető-
ségeid között, de szeretnéd tudni, hogyan készülj
fel életednek erre az időszakára. Hiszem, hogy a
következő fejezetekben Isten fel fogja használni az ő
igéjét arra, hogy feltárjon előtted olyan időtálló, vagy
éppen időtlen elveket, amelyek kiigazítják a romanti-
kus kapcsolatokra vonatkozó gondolkodásmódodat.

Valószínűleg olvasod a Bibliát és tudod, hogy a
Bibliában szereplő emberek némelyike diszfunk-
cionális családban élt, és nem hagyott számunkra
követendő példát a házastárs megtalálásával kapcso-
latban. Különösen az Ószövetségben rengeteg példa
van arra, hogy mit nem szabad tenni a kapcsolatok
terén, a paráznaságtól kezdve a házasságtörésen át
egészen a többnejűségig.

Dávid nem jó példa arra, hogyan kell házastár-
sat találni. Akkor talált feleséget, miközben éppen
halomra ölte a filiszteusokat. Ha ma ezt teszed,
börtönbe kerülsz. Boáz birtokot szerzett, és az ingat-
lanügylet részeként egy nőt is kapott. Jákob hét évig
dolgozott egy gyönyörű lányért, csakhogy nem vette
észre az apróbetűs részt a szerződésben, amely szerint
előbb az idősebb nővért kell elvennie. Így végül mind-
kettőt feleségül vette. Súlyos! Hamar megtanulta,
hogy nem lehet két urat szolgálni. Salamon minden
országból kapott feleséget, amellyel békeszerződést
kötött. Ez túl nagy ár a békéért.

Nagyon sok olyan ember szerepel a Bibliában, akiket hősöknek tekintünk, de arra nem méltók, hogy a példaképeink legyenek a kapcsolataink szempontjából. Minden hiányosságuk ellenére Isten mégis használta őket, de semmiképpen ne rajtuk keresztül akarjuk megismerni a helyes kapcsolatok titkait.

A jelenlegi kultúránknak sem sikerült megértenie a kapcsolatok lényegét. Fejlettebbek vagyunk technikailag, jobb az oktatásunk, egyeseknek több diplomájuk van, mint ahány fokot feltüntetnek a hőmérő skáláján,[1] de a kapcsolataink sehogy se akarnak javulni. Mivel a válási arányok a mi generációnkban valóban csökkentek, úgy tűnhet, hogy az emberiség fejlődést mutat a tartós párkapcsolatok képességében, de ennek éppen az ellenkezője igaz. Manapság sokan egyáltalán nem házasodnak meg, hanem inkább bűnben élnek. A legtöbb ember teljesen elvetette a házasság gondolatát, és megelégszik a paráznasággal és az együttéléssel. Olyan világban élünk, hogy szinte meglepődünk, ha olyan családot találunk, ahol minden gyerek ugyanattól az anyától és apától származik, és a szüleik még mindig házasok. Még nagyobb a döbbenet, ha a házasságuk valóban jól működik.

A legtöbb bibliai szereplő nem jó példa számunkra, és a kultúránkból származó példákat sem feltétlenül

---

1 A fordító megjegyzése: Ez a szójáték nem igazán működik magyarul. A „degree" tudományos fokozatot, de hőmérsékleti fokot is jelenthet. A szerző nagyon szereti és gyakran alkalmazza a szójátékokat.

érdemes követni. A saját történetemet sem szeretném általános receptként feltüntetni és nem állítom, hogy mindenkinek így kellene megházasodnia. Én például az egérrel a kezemben kerestem a házastársat. Most, a mi generációnkban vannak olyanok, akik online ismerkednek meg a házastársukkal.

Kit tekintsünk mintának a társkeresés és a randevúzás szempontjából? A szüleitek azt fogják mondani, hogy az volt a helyes, ahogyan ők egymásra találtak. Mindenki azt akarja, hogy az ő tapasztalataik és hagyományaik álljanak mérceként a mai fiatalság előtt.

Amikor a farizeusok kérdőre vonták Jézust a válás kérdésében, a mózesi törvényt idézték a válás indokaként, mivel a törvény engedékeny volt. Jézus így válaszolt: *„Mózes a ti szívetek keménysége miatt engedte meg nektek, hogy elváljatok a feleségeitektől, de kezdettől fogva nem így volt". Máté 19:8.*

Szeretném, ha észrevennétek a „megengedte" szót. A válás, és sok más cselekedet, amit Mózes törvényében látunk, megengedett volt, de nem ez volt Isten tökéletes akarata. Hiszem, hogy Istennek van megengedő akarata és van tökéletes akarata. Meg kell újítanunk elménket, hogy megismerjük Isten tökéletes akaratát, ahogyan ezt a Róma 12:1-2-ben olvashatjuk. Isten kinyilatkoztatott tökéletes akarata maga Jézus.

Jézus átvágja a zsidó emberek által megengedett és gyakorolt életmód gordiuszi csomóját, és rámutat arra a tényre, hogy Isten már a *kezdet kezdetén* – vagyis a Teremtés könyvének első két fejezetében – kinyilatkoztatta eredeti tervét a párválasztásról és a házasságról. A *„...de kezdettől fogva nem így volt"* szavakkal Jézus arra utal, hogy Istennek a kapcsolatokra vonatkozó eredeti terve, ahogyan ő a házasság kérdését tervezte, vagyis az ő tökéletes akarata nem Mózesnél, Dávidnál vagy Salamonnál jelenik meg, hanem a KEZDET KEZDETÉN jelentette ki.

Az emberek szívének keménysége miatt Mózes engedékenységet tanúsított, de nem ez volt Isten tökéletes akarata. Amikor megtérünk, a szívünk megváltozik és az elménk megújul, hogy megismerjük Isten tökéletes akaratát és abban éljünk, amelyet ő a *kezdet kezdetén* útjára indított.

Ha ma megkérnéd Jézust, hogy adjon neked tanácsot a kapcsolataidról, a válasza ugyanaz lenne. Térj vissza a kezdetekhez. Tanulhatunk a szüleinktől, a lelkipásztorainktól és azoktól az emberektől, akikhez hasonlítani szeretnénk, de Isten tökéletes akarata a Teremtés könyvének bevezető fejezeteiben tárul fel.

Ebben a könyvben a Teremtés könyvének első két fejezetét fogjuk tanulmányozni és megvizsgáljuk, hogy Isten milyennek tervezte a kapcsolatokat, mielőtt a bűn belépett volna a világba. Szinte hallom a válaszodat: „Már elolvastam az első két fejezetet, és nem sok minden szól ott a kapcsolatokról". Amint végigolvasod a könyvet, meglepetten fogod tapasztalni, hogy Isten mennyi mindent kinyilatkoztatott a kapcsolatokról a Teremtés könyvének első néhány fejezetében.

Az első fejezetben a kapcsolatok alapjairól fogunk beszélni, ahogyan azt Isten látja.

1. Halszerelem

S zereted a halat? Az emberek nagy többsége valószínűleg igennel válaszol. Ha férfi vagy, akkor esélyes, hogy horgászni is szeretsz.

Ami engem illet, imádom a halat.

Szeretnék azonban valamit tisztázni ezzel kapcsolatban. Ahhoz, hogy halat fogjunk, lépre kell csalni a halat úgy, hogy egy zsinór végén horogra akasztjuk, kihúzzuk a vízből, megfojtjuk és jégre tesszük. Ezután hazavisszük, megsütjük és megesszük. Még ez után a sok szörnyűség után is van képe sok embernek azt mondani, hogy „SZERETEM A HALAT".

A helyzet az, hogy valójában nem a halakat szeretjük, hanem magunkat. Ez most vajon mit jelent? Egyszerűen azt, hogy kielégülést keresünk, és mivel a halnak jó az íze, ezért kielégíti az igényünket. Ha valóban szeretnénk a halat és törődnénk a jólétével, akkor nem csalnánk lépre, nem fojtanánk meg, nem beleznénk ki, nem fagyasztanánk le, nem sütnénk meg és nem ennénk meg, mindezt a saját örömünkre. A valóságban az önmagunk iránti szeretetünk miatt megöljük a halat, de mi mégis ezt mondjuk: „szeretem a halat".

Az emberek gyakran ilyen módon szeretik egymást. Ezt én halszerelemnek nevezem[2]. Az ember *azt gondolhatja,* hogy szeret valakit, pedig valójában nem a másik embert szereti, hanem azt, hogy a másiknak milyen „íze" van a számára. Más szóval azt, ahogyan a másik személytől érzik magukat. Amikor ezek az érzések megszűnnek, azt mondjuk: „*kiestem a szerelemből*"[3], vagyis *kiszerettem belőle.*

* * * *

Szerelembe esni

Ha valaki azt mondja, hogy *kiesett a szerelemből,* az azt jelenti, hogy előbb *szerelembe kellett esnie.* Tudom, hogy aranyos azt mondani, hogy „s z e r e l e m b e estem", de emlékszel, milyen volt,

> A szerelem valami völgy, amibe beleesel, hanem az az út, amelyet végigjársz.

---

2 A fordító megjegyzése: az angol nyelvben nincs külön szó a „szeretet" és a „szerelem" kifejezésére. Mindkettő egyszerűen „love".

3 A fordító megjegyzése: ezt magyarul nem igazán mondjuk így.

amikor utoljára elestél? Hadd legyek az első, aki azt mondja, hogy ez nem aranyos, és nem is vicces. Az esés mindig véletlenszerű, és az emberek megsérülnek, amikor elesnek. Nem tudom, ti hogy vagytok ezzel, de én csak akkor esem el, ha valami eltereli a figyelmemet. Így történik a legtöbb szerelembe esés: az emberek elvonják a figyelmüket Istenről, és belebotlanak a szerelembe. Miután egy ideig ott fekszenek, rájönnek hogy hibáztak és felállnak. Ezt nevezzük mi úgy, hogy „kiesni a szerelemből".

Elesni könnyű, járni már egészen más kérdés. A járáshoz tudatosan, koncentráltan, fegyelmezetten és előrefelé kell haladni. Ha valaki elesik, feláll. Ez azt jelenti, hogy mindenki, aki beleesik abba az árokba, amit szerelemnek hívnak, ki fog belőle esni. Talán ezt kérdezed:

„De lelkész testvér, hogyan lehetséges ez?" Amit a világ szerelemnek nevez, az sokszor nem

> Az ige azt mondja nekünk, hogy járjunk szeretetben. A világ azt mondja, hogy szerelembe kell esnünk.

más, mint vágy és belehabarodás valakibe. Nem igényel munkát, áldozatot és önmegtagadást. Ez a halak iránti szeretet – minden rólam szól. Isten igéje nem úgy mutatja be a szerelmet, mint valami olyasmit, amibe bele lehet esni. Nem arról szól, hogy valaki milyen érzéseket kelt benned. A szerelem nem egyszerűen valamiféle érzés.

A szeretet...

> *A szeretet türelmes, a szeretet jóságos. Nem*
> *irigykedik, nem dicsekszik, nem büszke. Nem*
> *gyaláz másokat, nem önző, nem haragszik meg*
> *könnyen, nem tartja számon a sérelmeket. A*
> *szeretet nem gyönyörködik a rosszban, hanem*
> *örül az igazságnak. Mindig megvéd, mindig bízik,*
> *mindig remél, mindig kitart. A szeretet soha nem*
> *hagy cserben.*
>
> *1 Korinthus 13:4-8*

Ez Isten definíciója a szeretetre. Ebbe nem lehet bele-
esni. Nem lehet véletlenül belebotlani. Ez több mint
érzés, ez döntés. Találkoztál már valakivel, akinek
az önéletrajzában ezek a tulajdonságok szerepelnek?
Kedves, türelmes, nem önző, nem haragszik meg
könnyen, mindig reménykedik, és soha nem hagy
cserben? Csak egyetlen olyan Személyt tudok elkép-
zelni, akire mindezek ráillenek, és az nem a barátod
vagy a barátnőd. Hanem Isten. Isten a szeretet.

Most pedig cseréljük ki a „szeretet" szót ebben a
versben az „Isten" szóra.

> *Isten türelmes, Isten jóságos. Ő nem irigy, nem*
> *dicsekszik, nem büszke. Nem gyaláz meg másokat,*
> *nem önző, nem haragszik meg könnyen, nem tartja*
> *számon a sérelmeket. Isten nem gyönyörködik a*
> *rosszban, hanem örül az igazságnak. Isten mindig*

megvéd, mindig bízik, mindig reménykedik, mindig
kitart. Isten soha nem hagy cserben.

1 Korinthus 13:4-8

Mindannyian kétségbeesetten keressük ezt a fajta szeretetet. Erre a fajta szeretetre lettünk teremtve. Az ördög tudja ezt. Neki nincs ilyen képessége, ezért nem is tudja felajánlani. Az egyetlen, amije van, az valami olyasmi, ami távolról szeretetnek látszik – a kéjvágy.

Ahogy az alkohol hasonlít a vízhez, úgy hasonlít a kéjvágy is a szerelemhez. A szerelem, ha megkóstolod, meggyógyít. Ha viszont belekóstolsz a kéjvágyba, ott maradsz összetörve, akárcsak az a szegény hal, akit rászedtek, jégbe hűtöttek, majd megsütöttek.

Senki sem azért megy bele a randizásba és a romantikus kapcsolatokba, hogy szívfájdalmat találjon. Mindenki azt reméli, hogy megtalálja a szerelmet. Sajnos sokan úgy járnak, mint Jákób, aki Ráhel ágyába bújt, de Leával ébredt. Szerelmet keresve mennek bele egy kapcsolatba, de végül valami mást találnak, ami csalódást okoz nekik, összetöri és szétzúzza őket.

Nem hiszem, hogy Isten a randizást a szeretet forrásának teremtette volna. A házasság nem az a hely, ahol a szerelmet meg kell találni, hanem ahol szerelmet kell

> A házasság nem az a hely, ahol a szerelmet meg kell találni, hanem ahol szerelmet kell adni.

adni. Ha a szerelem a házasságban lenne megtalálható, akkor a Szentírás ezt mondaná, „A házasság a szerelem". Ehelyett azt mondja, hogy *Isten a szeretet.*

A házasság a szeretet megosztásának helye, nem a szeretet forrása. Ha a kapcsolat indulásakor nincs meg a szeretet, az baj. Hölgyeim, ha megtalálják a szeretetet, mielőtt barátot találnának, meg fognak lepődni, hogy mennyire másfajta udvarlókat fognak magukhoz vonzani. Ugyanez vonatkozik a férfiakra is: ha megtalálják a szeretetet, mielőtt barátnőt találnának, meg fognak lepődni, hogy milyen lehetséges partnerekhez fognak vonzódni.

* * * *

Úszás cápákkal

Újra meg újra találkozom olyan emberekkel, akik azt mondják, hogy mindig csak furcsa és különc emberek vonzódnak hozzájuk. Úgy tűnik, képtelenek tisztességes embereket találni. Egyszer egy kétségbeesett egyedülálló lány azt mondta nekem, hogy a keresztény fiúk olyanok, mint a parkolóhelyek: az összes jó hely foglalt, és csak a fogyatékosoknak fenntartott helyek maradnak szabadon. Jaj! Ezt válaszoltam: „Ez a probléma csak azokkal fordul elő, akik későn érkeznek a templomba".

Lehet, hogy nem azzal van a probléma, hogy *ki* vonzódik hozzád, hanem azzal, *amit* vonzol? A randizás világa olyan, mint egy cápákkal teli mély tenger. Ha vérzel, ne menj úszni, mert megtámadnak és megharapnak. A cápák már messziről megérzik a vér szagát. Ha nem vagy tele szeretettel, akkor a kéjvágyat fogod vonzani. Bele fogsz esni ebbe csapdába, és azt hiszed, hogy ez a szerelem.

Mi tehát a megoldás? Örülök, hogy megkérdezted!

* * * *

Első az Alkotó, csak utána jön a társ

Mielőtt Ádám Éva közelségébe kerülhetett volna, a Teremtő először behozta a férfit a saját jelenlétébe. Mielőtt Ádám találkozott volna a párjával, már ismerte a Mesterét. Mielőtt Éva létezett volna, ott volt az Édenkert.

Félreértés ne essék, Isten megtehette volna, hogy Évát Ádámmal együtt megteremti.

Ő Mindenható Isten, egyszerre is megteremthette volna Ádámot és Évát. Miért várt Isten Éva megteremtésével? Miért teremtett Isten Ádámnak egy egyedülállóidőszakot?

Észrevettétek, hogy Ádám egyedülálló volt, mielőtt a bűn bejött volna ebbe a világba? Ez azt

> Mielőtt Ádám találkozott volna a társával, már ismerte a Mesterét. Mielőtt Éva létezett volna, ott volt az Édenkert.

mondja nekem, hogy az egyedüllét nem bűn vagy betegség, hanem Isten által tervezett időszak, amely konkrét célt szolgál. Hiszem, hogy Isten azért nem adott Ádámnak rögtön feleséget, hogy megmutassa az eljövendő nemzedékeknek Istennek a kapcsolatokra vonatkozó tervét.

Az Istennel való kapcsolat az első. Az ő jelenlétében élt élet az alapja minden más kapcsolatnak. Jól kell érezned magad Istennel a szingli időszakodban, különben soha nem fogsz tudni kijönni valaki mással.

* * *

Istennel való kapcsolat vagy romantikus kapcsolat

Csak az Istennel való kapcsolat tesz téged egésszé; a romantikus kapcsolatok csak a hiányosságaidat tárják fel. Semmi sem tesz úgy egésszé, mint Isten jelenléte. Ha azt hiszed, hogy az a személy, akibe bele vagy zúgva, majd kiteljesíti az életedet, akkor máris bajban vagy. Ez azt jelenti, hogy megtört vagy és nem vagy ép. A Szent Szellem jelenléte tesz minket igazán egésszé és változtat meg belülről. Ebből az átalakulásból tudjuk szeretni a másik embert természetfeletti módon. Ha Isten jelenléte által a teljesség felé vezető úton haladsz, akkor nem lesznek irreális elvárásaid a leendő

> Csak az Istennel való kapcsolat tesz téged egésszé; a romantikus kapcsolatok csak a hiányosságaidat tárják fel.

partnereddel szemben. Nem fogsz csalódni, ha nem
úgy viselkedik, mint a Messiás.

Isten jelenléte igazán kielégít – minden más kapcsolat
felnagyít. A házassági kapcsolat olyan, mint a nagyító:
csak még jobban
eltúlozza azt, ami
már eleve vagy. Ha
most szerencsétlen
vagy, még szeren-
csétlenebb leszel, ha megházasodsz. Ha most
beképzelt vagy, akkor az a személy, aki mellett
döntesz, nagy valószínűséggel még tovább fogja
növelni a beképzeltségedet. Ne hidd, hogy a házasság
csodává válik, amely megoldja minden problémádat
és mindent helyrehoz az életedben. A házasság csak
fel fogja nagyítani a jelenlegi állapotodat. Ha pornó-
függő vagy, esetleg a videojátékok rabjaként élsz, a
házasság nem fog megszabadítani ettől. A pornó-
függőséget nem győzi le az, hogy a házasságban
hozzáférést kapsz a szexhez. Amikor megházasodsz,
akkor rájössz, hogy a szex nem olyan könnyű, mint
a pornófilmeket bekapcsolni. Nem akkor kapod meg,
amikor akarod, és a szex nem rólad szól, hanem a
másik emberről. Jézus az egyetlen, aki meggyógyítja
a sérüléseinket, megszabadít a démonoktól, és rendbe
hozza a lelki problémáinkat. A randizás, a kapcso-
latteremtés és a párválasztás erre nem képes. Segíthet,
de meggyógyítani nem képes. A házasság célja az,

> Isten jelenléte
> igazán kielégít, minden más
> kapcsolat felnagyít.

hogy felnagyítson, a Messiás célja az, hogy valóban kielégítsen. Ezt soha ne felejtsd el.

Ha nem fedezzük fel mélyen magunkban Istent, és nem szeretjük szenvedélyesen Isten jelenlétét, amíg szinglik vagyunk, akkor fájni fog a szívünk és kétségbeesetten keressük majd a szeretetet. A szomorú az, hogy a másik nemben a megváltót fogjuk keresni. Úgy fogunk a házasságra tekinteni, mint egy csodapirulára, amely eltünteti minden fájdalmunkat, helytelen magatartásunkat és függőségünket. Ha nincs erős kapcsolatunk Istennel, akkor elkezdjük Istent abban a személyben keresni, akivel randizunk vagy akivel összeházasodunk. Hamarosan csalódni fogunk, mert senki sem lehet Isten. Olyan ez, mint a történet az egyszeri feleségről, aki panaszkodott, hogy a férje „istennőnek" nevezte őt, mielőtt összeházasodtak, majd amikor már házasok voltak, a férfi ateista lett. Csak Isten tehet téged egésszé. Nem csoda, hogy Ádámnak a házasság előtt megadta a szingliség időszakát. Nem csoda, hogy Isten Ádámot a kertbe helyezte, mielőtt egy nőt adott volna mellé.

* * * *

Készen állsz a randizásra

Valójában Ádám annyira elmerült Isten jelenlétében, hogy nem is tudta, hogy egyedül van. Gondoljatok bele, Isten odajön Ádámhoz, és ezt mondja: „egyedül vagy, Ádám. Szükséged van valakire". Nem Ádám ment oda sírva Istenhez, ezekkel a szavakkal: „Uram, kérlek, ha szeretsz engem, küldj valakit, hogy a társam legyen".

Ha kétségbeesetten vágysz a randevúzásra, akkor talán még nem fedezted fel Isten jelenlétét. Ádám nem mondta Istennek, hogy magányos – sőt, azt sem tudta, hogy egyedül van! Istennek kellett őt erre emlékeztetnie. Neked is annyira el kell merülnöd a Szent Szellemben, hogy neki kelljen emlékeztetnie téged arra, hogy egyedül vagy.

Néhányan félnek Istent teljes szívvel követni egyedülálló éveikben. Talán azt gondolják, hogy ha átadják magukat a Szent Szellemnek, ő soha nem fogja hagyni, hogy megházasodjanak. Talán úgy tekintesz Istenre, mint egy féltékeny barátra, aki magányos és mindig csak az történhet, amit ő akar. Isten nem ilyen. A Szent Szellem nem

> Akkor állsz készen a randizásra, amikor már nincs rá szükséged.

ilyen. Ő jó. A vele töltött idő a legjobb, amit az életedért tehetsz. Csak a te érdekeidet tartja szem előtt. Isten társas lénynek teremtett téged. A szexualitást is tőle kaptad.

Régebben attól féltem, hogy ha Istent helyezem előtérbe és a házasság gondolatát az ő kezébe adom, akkor teljesen megtart engem saját magának, és nem akarja, hogy bárki máshoz is közel kerüljek. Attól féltem, arra kér majd, hogy haljak meg Szibériában, vagy legyek olyan, mint Ferenc pápa és éljek cölibátusban. Az a történet, amelyben Ádámot Isten arra bátorította, hogy keressen magának megfelelő társat, minden félelmemet megszüntette, amikor még egyedülálló voltam.

Az emberek folyton ezt kérdezik tőlem: „mikor leszek készen a randizásra?" A válaszom mindig ugyanaz: „amikor már nem lesz rá szükséged!" Akkor állsz készen a randizásra, amikor már nincs rá szükséged. Amíg randiznod KELL, hogy betöltsd a szívedben tátongó űrt, helyrehozd összetört szívedet, elmenekülj az apáddal kapcsolatos problémák elől, vagy legyőzz egy függőséget, addig nem állsz készen a randizásra. Valójában a Szent Szellemre van szükséged.

> Örvendezz Istenben, mielőtt elkezdded randizást. Merülj el annyira Istenben, hogy a másiknak Istent kelljen keresnie, hogy megtaláljon téged.

Ha keresed őt, akkor ő megadja neked a teljesség életérzését. Akkor a randizás kérdése VÁGY lesz, nem KÉNYSZER.

* * * *
Séta és beszélgetés Istennel

Nézzük meg Ádámot és Istennel való kapcsolatát, mielőtt Isten bemutatta volna neki Évát. Nem volt temploma, nem volt lelkipásztora és nem volt Bibliája, de ismerte Isten jelenlétét és Isten hangját. A templomba járás, a Biblia olvasása, a kiscsoportok látogatása, az imádság, a böjt és minden, amit teszünk, csak eszköz a cél eléréséhez – ez a cél pedig Isten megismerése. Sokan részesülnek vízkeresztségben, fénysebességgel szólnak nyelveken, ott van a telefonjukon a YouVersion Biblia-alkalmazás[4], mégsem ismerik Isten jelenlétét és nem ismerik Isten hangját. Isten jelenléte és Isten hangja megváltoztat téged. Ha jársz gyülekezetbe, nem iszol, nem dohányzol, nem jársz különféle kétes klubokba, az mind nagyon szép és nemes, de a szeretetet és az erőt csak a Szent Szellem jelenlétében találhatod meg.

* * *
Ahogyan a halaknak vízre és a fáknak talajra van szükségük

Hiszem, hogy Isten példát is helyezett elénk arra nézve, hogy milyen kapcsolatot szeretne velünk. Ez a Teremtés könyvének első fejezetében olvasható.

---

4   A fordító megjegyzése: a webhely címe: https://www.bible.com/. Van magyar nyelvű változata: https://www.bible.com/hu. Hasonlóan hasznos oldal a https://biblehub.com is.

Akkor Isten így szólt: Teremjen a föld pázsitot,
maghozó füvet és gyümölcsfát, amely termést hoz
fajtája szerint, amely magában hordja a magvát a
földön, és úgy lett. És a föld termett pázsitot...

1Mózes 1:11-12.

Ez azt jelenti, hogy Isten azt mondta a földnek, hogy teremjen lágyszárú növényeket és fákat. A föld teremtette a fákat. A fáknak szükségük van a földre. Nem tudnak a föld talaja nélkül élni, mert a földből származnak. Enélkül elpusztulnak. A talaj nem választási lehetőség a növények és a fák számára.

Akkor Isten így szólt: Pezsdüljenek a vizek élő
állatoknak nyüzsgésétől, és madarak repdessenek a
föld színe felett, az égboltozat kiterjesztése alatt.

1Mózes 1:20.

Aztán Isten azt mondta a vizeknek, hogy teljenek meg élőlényekkel. A vizek halakat és élőlényeket hoztak létre. A halak nem élhetnek víz nélkül, mert a vízből származnak. A víz az, ahol ezek az élőlények élnek és mozognak, és amire a létezésükhöz szükségük van. Ahogy a fák a földből jöttek létre és szükségük van a földre az élethez, úgy a halak is a vízből származnak, és szükségük van a vízre az élethez.

Akkor Isten így szólt: Alkossunk embert a mi
képmásunkra, a saját hasonlatosságunkra, és
uralkodjon a tenger halain, az ég madarain

és a jószágok felett, az egész földön és minden
csúszómászó lény felett, amely a földön csúszik.

1Mózes 1:26.

Miután szólt a földhöz, hogy fákat, és a vízhez, hogy halakat teremjen, Isten önmagához szól. Isten ezt mondta magának: „Teremtsünk embert". Isten háromegy Isten, és egy három részből álló lényt teremt (szellem, lélek és test), így az ember ugyanúgy függ

> Ahogy a halaknak vízre, a fáknak pedig talajra, úgy az embernek Istenre van szüksége.

Istentől, ahogyan a halak a víztől és a fák a talajtól függenek. Őszintén hiszem, hogy amíg nem alakítjuk ki ezt a szemléletet Isten felé, hogy szükségünk van rá, mint a halaknak a vízre és a fáknak a talajra, addig nem fogunk az ő jelenlétében élni. Az ördög nem a bűnnel, hanem a vallással helyettesíti Isten jelenlétét. A vallás, a szabályok és a rituálék nem tudnak megváltoztatni, csak az Istennel való kapcsolat tud újjá tenni.

* * *

Hogyan lehet kapcsolatunk Istennel:

1. Önátadás

Amikor az Istennel való kapcsolatról van szó, egy érme két oldalát látom: az önátadást (az Istennek átadott élet) és az áhítatot (az Istennel töltött idő)[5]. Az önátadás olyan, mintha házasok lennénk valakivel, az áhítat pedig olyan, mintha randevúra mennénk azzal a személlyel, akivel házasok vagyunk. Az önátadás olyan, mintha együtt élnénk az illetővel, az áhítat pedig olyan, mintha minőségi időt töltenénk vele. Az Istennel való kapcsolathoz mind az önátadásra, mind az áhítatra szükségünk van. Azzal kezdődik, hogy teljesen átadod neki az életedet. Ez az önátadás szövetséget hoz létre közöttünk és őközötte, és ő eljön, hogy Szelleme által bennünk éljen.

Az Istennel való kapcsolat végleges költözést, nem egyszerűen látogatást jelent. Ahogyan a fák a földben, a halak pedig a vízben élnek, Isten azt akarja, hogy az ember ugyanígy őbenne éljen. Ne elégedjünk meg azzal, hogy meglátogatjuk Istent, hanem lakjunk benne. Jézus szőlővesszőkhöz hasonlított minket, saját magát pedig a szőlőtőhöz. A szőlővessző sem csak hétvégenként keresi fel a tőkét, hogy egy kicsit feltöltődjön, hanem mindig ott marad.

Isten soha nem azt akarta, hogy a vele való kapcsolatunk olyan legyen, mint az iPhone és a fali töltő viszonya. Az iPhone akkor csatlakozik a töltőhöz, amikor lemerül az akkumulátora. Nem marad mindig a töltőn. Isten nem a hétvégi töltőd akar lenni, hanem a forrásod. Olyan akar lenni számodra, mint egy

---

5   A fordító megjegyzése: a szerző itt is egy lefordíthatatlan
    szójátékot alkalmaz. A devotion – devotions szavakat az
    önátadás – áhítat értelemben használja.

házastárs, akivel szövetségi kapcsolatban állsz, akivel együtt élsz. Isten mindig is menyasszonyt keresett, nem pedig prostituáltat vagy egyéjszakás kalandot.

Ha ezt félreérted, akkor vallássá teszed az imádságodat, és az Istennel való kapcsolatodat a vallásos tevékenységekkel töltött időre korlátozod. Ebben nincs semmi öröm. Mindig bűntudatot fogsz érezni, ha nem felelsz meg ezeknek a szabályoknak. Ez a vallás lényege. Ezt egy időben nem értettem. Bűntudatot éreztem, ha egy-két napig nem imádkoztam, vagy nem olvastam a Bibliát, azt hittem, hogy Isten nyilvántartást vezet, hogy eldöntse, mennyire áld meg engem annak alapján, hogy menynyire vagyok képes imádkozni és olvasni a Bibliát. Miután megnősültem, kezdtem másképp látni ezt a helyzetet. Ha egy-két napra, vagy akár egy hétre kihagynám az áhítatokat, az olyan lenne, mintha egy hétig nem látnám a feleségemet: nem érezném magam bűnösnek, de őrülten hiányozna. A vallás bűntudatot ébreszt benned, a kapcsolattól megszomjazol. Őrülten hiányzik neked Isten, és neki is hiányzol, ha nem imádkozol. Amikor hibát követsz el, Isten nem dobja ki a cókmókodat a házból az utcára. Mondtam már bántó szavakat és tettem szomorúvá a feleségemet a tetteimmel, de nem vesztettem el a vele való kapcsolatomat. A közelségemet azonban elvesztettem. Ugyanez a helyzet Istennel is: amikor vétkeztem, elvesztettem a közelségét. Hívőként, amikor elbuksz, nem a kapcsolatod vész el, hanem a bensőséges viszony. A feleségem nem válna el tőlem csak azért, mert elfelejtettem kivinni a szemetet, de a közelségünket érintheti a mulasztásom.

* * *

Hogyan lehet kapcsolatunk Istennel:

2. Áhítat

Mint már említettem, az önátadás az Istennek átadott élet, az áhítat pedig a vele töltött idő. Az Istennel való kapcsolatnak, vagyis az átadott életünknek a vele való bensőséges kapcsolathoz kell vezetnie: amikor időt töltünk vele, és csak rá figyelünk.

Sok embernek van kapcsolata Istennel: vele élnek, de nincs vele bensőséges kapcsolatuk.

Minden házaspár tudja, hogy lehetséges házasságban élni minden intimitás nélkül. Ismerek olyan párokat, akik törvényesen házasok, de inkább lakótársakként élnek: az egyik házastárs az egyik szobában alszik, a másik pedig a másikban. Néha-néha keresztezik egymás útját, de nincs szenvedély, nincs tűz, nincs intimitás. Így van ez annak a kereszténynek az esetében is, aki hiszi, hogy Isten benne él, de valójában soha nem tölt vele időt, nem várja az Úr jelenlétét, és nem törekszik az ő dicsőségének keresésére.

Ahhoz, hogy minőségi időt tölthessünk Istennel, ezzel az egyszerű igazsággal kell kezdenünk: az áhítatok az ő jelenlétéről szólnak, nem technikákról, módszerekről és mintákról. Bár ezek is hasznosak lehetnek, de nem ez a cél. Amikor a tanítványok megkérdezték Jézust, hogyan imádkozzanak, Jézus az imádság célszemélyére irányította a figyelmüket, nem pedig az imádság módszerére. A mi figyelmünk is többnyire az imádság módjára irányul, nem arra, hogy kire kellene összpontosítanunk. Az imádság Isten jelenlétére irányul. Számomra az imádság hasonló ahhoz, ahogyan a feleségemmel randizom. Nem az a lényeg, hogy hova megyünk és mit csinálunk, hanem az, hogy élvezem annak a személynek a társaságát, akit szeretek.

Az imádság, a Szentírás olvasása, az Istennek szóló dicséretek éneklése és a böjt mind-mind ugyanannak a célnak az elérését szolgálja. Ez a cél pedig Isten jelenléte. Ne csináljatok vallást az imádságból. Az ima nem fogja megváltoztatni az életedet. A muszlimok imádkoznak, a buddhisták imádkoznak, még az ateisták is imádkoznak, amikor problémákkal küzdenek. Az ima a cél elérésének az eszköze, nem maga a cél. A cél Isten jelenléte. Ha átadott életet élsz, de nincs benne Isten jelenléte, akkor változtass meg mindent! Tedd céloddá jelenlétének a keresését. Várd az ő jelenlétét, és pihenj meg benne. Tégy meg mindent, amit meg kell tenned, hogy újra meglásd az ő dicsőségének kiáradását a titkos kamrádban. Csak akkor lesz az átadott életed örömteli, és csak akkor fogod látni a változást az életedben ennek eredményeként.

Régebben a bibliaolvasást eszköznek tekintettem, amelyen keresztül megtanulhatom, hogyan éljem jobban az életemet. Úgy gondoltam, hogy a Biblia Isten kézikönyve, amely megmutatja a sikeres élethez vezető utat. Ne érts félre: a Biblia valóban tartalmaz az életünkre vonatkozó alapelveket, amelyek megmutatják Isten akaratát, de a Szentírás fő célja az, hogy elvezessen Valakihez. A Biblia az Isten jelenlétéhez vezető út térképe. Konkrét útbaigazításokat tartalmaz – különösen a zsoltárokban – Isten szívéhez. Ne úgy olvasd a Szentírást, ahogy a farizeusok tették. Ők ismerték a könyvet, és keresztre feszítették a szerzőjét. Ádámnak nem volt Bibliája, de ismerte Isten hangját és Isten jelenlétét.

Isten jelenlétének megtalálásához el kell hinned, hogy Isten jobban szereti a te jelenlétedet, mint amennyire te valaha is szeretni fogod az övét. Emlékszem, egyszer elég száraz időszakot éltem át az imádságban. Úgy éreztem, hogy az imádkozás teherré vált a számomra. Reggel korán keltem, hogy imádkozzam, de az egész egyetlen porcikámnak se hiányzott, mert nem láttam értelmét. Azt mondtam Istennek, hogy mindkettőnknek jobb lenne, ha abbahagynám az egészet, mert senkinek sem használ. A szívemben éreztem, hogy Isten így válaszol: „Jobban szeretem a jelenlétedet, mint ahogy te valaha is szerethetnéd az enyémet". Persze, szeretem Isten jelenlétét, de az, hogy Isten szereti az én jelenlétemet, új volt a számomra. Rájöttem, hogy Isten nagyra becsüli és élvezi a jelenlétemet. Megfizette az árát annak, hogy az övé lehessek. Nekem nem került semmibe, hogy Istenem legyen, de ő mindent odaadott értem. Amikor egy ideig nem érzem Isten jelenlétét, akkor félrevonulok, leülök, és türelmesen várok rá. Emlékeztetem őt, hogy azért vagyok itt, hogy vele legyek, mert ő annyira szeret engem. Sőt, egyszer ezt az imát imádkoztam: „Uram, nem érezlek téged. Már régóta nem érezlek téged, de itt vagyok. Tudom, hogy szeretsz engem. Tudom, hogy nagyra becsülöd a társaságomat. Ezért itt vagyok, örülj nekem, a tiéd vagyok." Rögtön ezután Isten dicsőségének áradata töltött el engem. Isten szereti a jelenlétedet. Nagyra értékeli a társaságodat.

Csak akkor fog megváltozni az életed, ha mindezeket megtapasztalod az Istennel való kapcsolatodban. Ez a változás az egészséges kapcsolatok alapja.

Miután felfedeztük, hogy szükségünk van az Istennel való valódi kapcsolatra, át kell térnünk az őbenne való identitásunk felfedezésére,

> Az önátadás a kapcsolatról szól. Az áhítat az intimitásról szól.

mielőtt belevágnánk a randizásba. Az Isten jelenlétében való élet után ez a legfontosabb lépés. A következő fejezetben erről fogunk beszélni.

2. Identitásunk forrása

Egyszer egy kicsi lány megkérdezte az anyukájától: „Honnan jöttünk?" Az anya így válaszolt: „Istentől származunk, az ő képére és hasonlatosságára lettünk teremtve." A fiatal lány egy másik véleményt is hallani akart, ezért odament az apjához, és feltette ugyanezt a kérdést. Az apja habozás nélkül ezt mondta: „A majmoktól származunk. Az ősrobbanással kezdődött, aztán jöttek a majmok, és mi belőlük fejlődtünk ki, és még mindig fejlődünk." A kislány összezavarodott, és visszament az édesanyjához: „Anya, teljesen tanácstalan vagyok. Te azt mondtad, hogy Isten alkotott minket, de apa azt mondta, hogy a majmoktól származunk, szóval kinek van igaza?". Az anya így válaszolt: „Édesem, mindkettőnknek igaza van. Én elmondtam, honnan származik az én családom, apukád pedig elmondta, honnan származik az ő családja."

Fontos, hogy honnan származol, mert ez határozza meg az identitásodat. A legtöbb amerikai iskolában azt tanítják a gyerekeknek, hogy a majmoktól származunk. Nem csoda, hogy a gyerekek úgy viselkednek, mint a majmok! Az iskolarendszerünk már nem tanítja a szexuális önmegtartóztatást, helyette a biztonságos szexet tanítják. Nehéznek találták megtanítani a tinédzsereket arra, hogy nemet mondjanak a szexre, ezért inkább óvszert adnak nekik. Az iskolarendszer évek óta azt tanítja nekik, hogy ők megdicsőült állatok, így nem lepődhetünk meg, ha így is viselkednek. Az állatok szellem nélküli testek. Ezért az állatokat a szexualitásuk uralja. Ha az oktatási rendszerünk azt sulykolja bele a fiatalokba, hogy ők állatok, akkor hogyan várhatjuk el a tinédzserektől, hogy ennél különb módon viselkedjenek? A szexualitásuk fogja őket irányítani. Az állatokat nem lehet önmegtartóztatásra tanítani, mert állatok, és csak ezt tudják.

Ahhoz, hogy a fiatal generációt a tisztaság magasabb szintjére eljuttathassuk, vissza kell vezetnünk őket az identitásukhoz. A tizenévesek problémája kevésbé a szexuális erkölcstelenséggel, mint inkább az identitásválsággal kapcsolatos. Az identitásválság származhat a gyermekkorban szerzett negatív élményekből, de leggyakrabban az önmagunkkal kapcsolatos neveltetésünkből ered. Ahhoz, hogy Isten szándéka szerint uralkodhass a szexualitásodon, tudnod kell, hogy ki vagy.

* * * *

Építs a kősziklára

Akkor fedezzük fel, hogy kik vagyunk, amikor megtanuljuk, hogy kihez tartozunk. Sok fizikai tulajdonságunk szüleinktől öröklődik, de érték- és méltóságtudatunk a Teremtőnktől származik.

A bölcs ember sziklára, az ostoba viszont homokra építette a házát (Máté 7:24-27). A ház felépülése előtt

> Akkor fedezzük fel, *hogy kik* vagyunk, amikor megtanuljuk, hogy *kihez* tartozunk.

el kell készíteni az alapozást. Mielőtt belevágnál a karrieredbe és a randevúzásba, biztos alapot kell építened a jövődhöz. Vagyis az áldásaid csak akkor fogják kiállni az idő próbáját, ha megfelelő alapokra építesz. Ez az alap, amelyre itt utalok, az identitásod. Csak két fő lehetőség közül választhatsz az identitásod felépítéséhez. Vagy a sziklára, vagy a homokra építhetsz. A szikla valamiféle szilárdságot sugalmaz. Ez a szikla egy személy, akinek a neve Jézus. Ő az Örökkévalóság Sziklája, a sarokkő, akit az építők elvetettek, és ő az alapja annak, akik vagyunk! A homok ingatag és instabil; ebben az esetben bármi lehet, amit Krisztus helyére teszünk, és amiből értékességünk tudatát merítjük.

A fizikai megjelenés homokja. A jó megjelenés Isten ajándéka, de teljesen alkalmatlan az identitásod alapjaként. Saul király nagyon jóképű volt, de krónikusan bizonytalan. Annyira bizonytalan volt, hogy beiktatásának napján zsákok mögé bújt. Egész életében féltékenységgel küzdött. Mivel nem Istenre építette identitását, félt az emberektől, nem engedelmeskedett Istennek, démonok zaklatták, és mentális rendellenesség alakult ki nála. Ha azt hiszed, hogy ha szebb lennél, akkor jobban éreznéd magad a bőrödben, akkor tévúton jársz. A külsőd a bálványoddá válik, ez lesz az a homok, amelyre az életedet építed. Ez pedig cserben fog hagyni téged. Mindannyiunknak meg kell próbálnunk a lehető legjobban kinézni, de ez nem válhat az identitásunkká. Ne hagyd, hogy a fürdőszobai tükör határozza meg, hogy ki vagy. Isten Igéjének tükre az, ami megmutatja az igazi értékedet. Kezdj inkább abba a tükörbe nézni.

A titulusok homokja. A bizonytalan emberek mindenféle címeket, titulusokat akarnak szerezni, de akik identitásukat Istenből merítik, inkább a törölközőket (a szolgálatot) választják. Az utolsó vacsorán a tanítványok azon civakodtak, hogy kié lesz az első hely Jézus országában. Jézus, aki tudta, hogy az Atya mindent neki adott, és hogy Istentől jött és

Istenhez megy, felállt és fogott egy törölközőt, hogy megmossa a bizonytalan tanítványok lábát. Oly sokan csak azért állnak be a szolgálatba, hogy a saját bizonytalanságukat kikúrálják! Azt hiszik, hogy a fények, a taps és a csodák majd kigyógyítják őket az értéktelenség érzéséből. A szolgálat csak sebtapasz, nem gyógymód. Ha azért kezdesz bele a szolgálatba, hogy meggyógyulj a bizonytalanságodból, az azt jelenti, hogy nem azért vagy ott, hogy szolgálj, hanem azért, hogy a szolgálatot a sérült egód szolgálatára használd. Ez nagyon veszélyes és ijesztő helyzet. Krisztust kell utánoznunk, tudnunk kell, honnan jövünk és hová tartunk. Isten rólunk alkotott képébe kell levetnünk életünk horgonyát, ebből kiindulva kell szolgálnunk a körülöttünk lévőket, és nem szabad túl nagy figyelmet fordítanunk a különféle titulusokra. Ez segíteni fog abban, hogy ne az emberek bókjaiból táplálkozzunk, vagy ne feszítsen keresztre minket a kritikájuk, hiszen közönségünk mindössze egyetlen Személy lesz. A bizonytalanság megfoszt az emberek szolgálatának lehetőségeitől, mert a bizonytalanokat a másoktól való félelem hajtja, ami az ördög csapdája. Nem tudják szolgálni az embereket, mert túlságosan lefoglalja őket az, hogy elnyerjék a tetszésüket. Az identitásuk az emberekre épül, nem Isten jelenlétére. Ez maga a sívó homok.

A gazdagság homokja. A gazdagság Istentől kapott áldás, de soha nem arra való, hogy ez legyen az alap, amelyre identitásunkat építjük. Ezért mondta

Pál apostol Timóteusnak, hogy tanítsa a gazdagokat, hogy ne legyenek büszkék (lásd 1Tim 6:17). Ez csak úgy lehetséges, ha nem hagyjuk, hogy a gazdagság határozza meg az értékünket. Amikor a gazdagság növekszik, az adakozásunknak kell növekednie, nem pedig az önbecsülésünknek. Ha az értéked a vagyonoddal együtt nő, akkor csak öntelt leszel. Olyan ez, mint a lufi, jó nagyra felfújják, de nincs benne semmi. Elég egy apró tűszúrás, és BUMM! Tudod, hogyan ér véget a lufik élete. Ne élj önelégült életet, mert bármilyen tű vagy más éles tárgy leeresztheti a levegőt. Építsd az identitásodat Istenre, ami olyan, mintha sziklára építenéd. Ha a sziklát tűvel szurkálod, a tű fog eltörni, nem a szikla. A szikla nem lesz nagyobb az idő múlásával, ugyanaz marad. A lecke számodra és számomra az, hogy nem számít, hány diplománk van és milyen eredményeket tudunk felmutatni, vagy mennyi pénz van a számlánkon, az értékünknek állandónak kell maradnia, mivel Istenre épül, nem pedig a tárgyi világ mindent elnyelő homokjára.

A kudarcok homokja. A kudarc esemény, nem személy. A kudarcainknak csiszolniuk kell minket, de nem szabad meghatározniuk az identitásunkat. A Sátán mindent megtesz azért, hogy a múlt bűnei határozzák meg, kik vagyunk a jelenben. Valószínűleg ismered a vérfolyásos asszony történetét a Bibliából (Máté 9:20-22). Az a legérdekesebb az ügyben, hogy még a nevét sem tudjuk. Egyszerűen csak úgy ismerjük,

hogy „a vérzékeny asszony".[6] Volt egy problémája,
és aztán ez az asszony gyakorlatilag azonossá vált
ezzel a problémával. Ez lett az identitása és a neve.
Miután azonban megérintette Jézust, meggyógyult.
Jézus ekkor úgy emlegette őt, mint „a hit leányát".
Nem *asszony*, hanem *le*ány. Jézus nem a problémája
alapján, hanem az új identitásának megfelelően
szólította meg.

A Sátán ismeri a nevedet, de a múltad alapján fog
téged megnevezni,
mivel ez az egyet-
len információ,
amit tud rólad. A
jövődről fogalma
sincs. Jézus ismeri
a múltadat, de új

> A kudarc esemény, nem
> személy. A múltunknak
> csiszolgatnia kell minket,
> de nem határozhatja meg az
> identitásunkat.

neveden szólít. Jézus gyakran megváltoztatta az
emberek nevét, hogy segítsen nekik megváltoztatni
az önképüket. Krisztusban új teremtés vagy, a
régiek elmúltak.

Sok keresztény „totálkáros" mentalitással él. Van egy
autóm, amelyet a biztosító totálkárosnak minősített.
Ez azt jelenti, hogy az autót egy árverésen olcsón
megvették és helyreállították, de az értéke erősen
lecsökkent, mert balesetet szenvedett. Vadonatújnak
tűnik, és még az illata is újszerű, de a kesztyűtartóba

---

6   A fordító megjegyzése. Ebben is felismerhető egy szójáték. Az
    „issue" jelenthet problémát, de kifolyást, kiömlést, zuhogást is
    jelent.

tett dokumentum határozza meg az értékét. Ez a dokumentum olyan szavakat tartalmaz, amelyeket a legtöbb Amerikában élő orosz ismer: „totálkáros" vagy „újjáépített".[7] Sok ember életében történt már valamilyen „baleset". Talán most, amikor olvasod ezt a könyvet, úgy érzed, hogy a drogok, a paráznaság vagy más múltbéli bűnök teljesen tönkretettek. Vérének kiontásával Jézus helyreállított téged. Az ördög megpróbál majd a múltad alapján rád akasztani valamilyen titulust az elmédben, és azt akarja éreztetni veled, hogy a múltbeli hibáid befolyásolják az értékedet. De ne feledd, új teremtés vagy Krisztusban, nem pedig újjáépített teremtés. Ezért ragaszkodnod kell Jézushoz mint kősziklához, amelyre az identitásod épül. Ha nem így teszel, az emberek a hibáid alapján címkéket fognak rád aggatni, és te ezek alapján alulértékeled magad. Ha elvesztetted a szüzességed vagy drogoztál, ne hagyd, hogy az ördög ezt írja fel a tudatalattid címkéjére. Ne a múltadra építsd az identitásodat, hanem Jézus Krisztus vérére és arra az igazságra, amit Isten mond rólad. Akkor, és csakis akkor lehet olyan jövőd, amilyet Isten tervezett neked, és nem fogod Isten jó és kedves tervénél kevesebbel beérni.

---

7 A fordító megjegyzése: lefordíthatatlan szójáték. A „title" szó jelentése cím, jogcím, titulus, de Amerikában forgalmi engedélyt is jelent. A „salvaged title" vagy „rebuilt title" fogalom Magyarországon ismeretlen: „mentett forgalmi engedély" és „újjáépített forgalmi engedély".

* * *

Identitásunk felépítése:

1. Identitásod a Teremtőtől származik
Isten tehát megteremtette az embert a saját
képmására; Isten képmására teremtette őt; férfinak
és nőnek teremtette őket.

1Mózes 1:27.

Az identitás vagy énkép az, ahogyan magadat látod. Az énkép láncként működik: korlátozza, hogy meddig mehetsz el. Mint a láncra vert vad kutya, amely nem tud messzebbre menni, mint amennyit a lánc megenged neki, ilyen az alacsony önértékelés is: korlátozza az ember lehetőségeit. Befolyásolja a perspektíváját, és sokszor megakadályozza, hogy Isten használja őt. A bizonytalan emberek gyakran a házasságban keresik kisebbrendűségi komplexusuk gyógyítását. A romantikus kapcsolatok jelentik számukra az utolsó reménységet alacsony önbecsülésük gyógyítására. Nem számít, mennyi szeretetet, ajándékot és figyelmet kapnak, ez sosem elég.

Az identitásodnak meg kell szilárdulnia Istenben, mielőtt házasságot kötnél. Isten megmutatta, hogy ki volt Ádám, mielőtt Éva megjelent a színen.

Isten megformálta Ádámot. A többi teremtménytől eltérően, amelyeket Isten a szavával teremtett, Isten a saját kezével alkotta meg Ádámot a föld porából. Tehát téged is Isten formált meg. Isten érintése alkotott téged, ezért az ő érintése az, amire mindig vágyni fogsz. Az ő jelenléte lesz a rejtekhelyed. Szívedben mindig mély vágyakozás lesz Isten érintése után, mert ő formált meg téged a tulajdon kezével.

Isten Ádámot a saját képére és hasonlatosságára teremtette. Az ember magán hordozza Isten lenyomatát. Ezért gyűlöl téged az ördög, mert Istenre emlékeztet ő. Amikor Isten megteremtette a növényeket és az állatokat, mindegyiket *„a maga neme szerint"* teremtette. Ez a kifejezés tízszer fordul elő az 1Mózes 1:11-25-ben. Amikor megteremtette Ádámot, akkor önmagára hasonlító fajt hozott létre. Amikor a farizeusok megkérdezték Jézust, hogy kell-e adót fizetniük, felszólította őket, hogy hozzanak neki egy dénárt. Az az érme a császár képmását viselte. Jézus azt mondta nekik: *„Adjátok meg* a császárnak, ami a császáré, és Istennek, ami az Istené" (Márk 12:17). Az az érme a császár képmását viselte, tehát a császáré volt. Te Isten képmását viseled, ezért Istené vagy. Az ő képmását hordod magadon, rá hasonlítasz. Ne annak alapján határozd meg az értékedet, hogy hány lájkot kapnak a képeid a közösségi médiában. Isten képmását hordozod magadban; ezért az értékedet ő határozza meg.

Isten megáldotta Ádámot, és kijelentette róla, hogy jó. Az áldás felhatalmazás a terjeszkedésre. Ez nem valami csip-csup ügy, hanem a gyarapodásra vonatkozó hatalom. Ahogyan Isten Ádámot is megáldotta, te is rá fogsz jönni, amikor felfedezed az identitásodat, hogy azt már megáldotta Isten. Áldott vagy az identitásodban, nem átkozott. Ez azt jelenti, hogy felhatalmazást kaptál a növekedésre és a terjeszkedésre. Isten látta mindazt, amit teremtett, és azt mondta, hogy nagyon jó. Ezt személyesen, most azonnal, Istentől kell hallanod... NAGYON JÓ vagy! Isten nem követett el hibát, amikor olyannak teremtett téged, amilyen vagy. Te az ő remekműve vagy, „csodálatosan megkülönböztetett" téged (Zsolt 139:14., rev Károli). Te vagy Isten legjobb teremtménye, és ő gyönyörködik benned.

Ha ez nem elég ahhoz, hogy az alacsony önbecsülésedet elsöpörje, akkor semmi sem lesz elég a bizonytalanságod megszüntetéséhez. Újítsd meg az elmédet még ma. Fogadd el, amit Isten mond rólad – az igazság felszabadít. Minden más, amit látsz és érzel, egyszerűen tények. Ne felejtsd el, hogy a tények változnak, de az igazság örök.

* * *
Identitásunk felépítése:

2. Identitásodat a kereszt állítja helyre
És Isten ezt kérdezte: Ki mondta neked, hogy
meztelen vagy? Talán ettetek arról a fáról, amelyről
megparancsoltam nektek, hogy ne egyetek?

1Mózes 3:11.

Miután Ádám evett a fáról, szégyellte magát dicső-
séges testében. Ádám nem hízott el a gyümölcs
elfogyasztása után. Külsejében semmi sem válto-
zott. Ugyanolyan maradt a teste, mint azelőtt volt.
Senkivel sem tudta magát összehasonlítani, ami
elbizonytalaníthatta volna. Sokunknál az összeha-
sonlítás miatt tör felszínre a bizonytalanság. Ádám
helyzete más volt, mégis annyira szégyellte magát,
hogy elrejtőzött, és fügefalevelekből ruhát készített.
De még azután is szégyellte magát, hogy felöltözött.
Érdekes felismerni, hogy a bűn először bizonytalan-
ságot és szégyent hozott, és csak utána jött a betegség
és a halál. Először a szégyen, a bizonytalanság és az
értéktelenség érzése jelentkezett, miután evett a tiltott
fáról. Ha tudatában vagy a meztelenségednek, akkor
valószínűleg nem a testeddel, hanem az étrendeddel
van probléma.

Ádám, korábban nem szégyellted magad. Mi
történt? Tisztában voltál Isten jelenlétével, és
a tested is rendben volt. Most megundorodtál
magadtól – elvesztetted Isten dicsőségének

látványát. Megettél valamit, amit nem kellett volna,
és most Isten helyett önmagadat látod.

Bármikor, amikor „meztelennek" érzem magam
és szégyenkezem, az Úr emlékeztet arra, hogy ha
tudatában vagyok annak, hogy ki nem vagyok, az
azért van, mert szem elől tévesztettem azt, hogy ő
kicsoda. Megmutatja nekem, hogy rossz fáról ettem
– a tudás fájáról. A tudás fája nem a bűn fája, hanem
a tények fája. Ez az emberek véleményének a fája.
Ez az én megjelenésem fája. Ez a múltam fája. Ez a
fa a kertemben van, és nem tudom onnan eltávo-
lítani. Meg sem kellene próbálnom, ez nem is cél.
Isten megtiltja, hogy egyem róla. Ez azt jelenti, hogy
nem meríthetem belőle az identitásomat. Semmiféle
fügefalevél nem tudja megszüntetni a szégyent és a
bizonytalanságot. Jobb test, magasabb iskolai vég-
zettség, több követő a közösségi médiában, vagy
kapcsolatok befolyásos emberekkel – minden hiába,
semmi sem képes meggyógyítani a belső szégyent.
A fügefalevelek nem képesek erre, de a kereszt igen.

A tudás fájáról eszel, amely a kertedben áll, vagy az
élet fájáról, amelyet Isten a Golgota hegyén ültetett
el? Az identitásodnak a keresztről kell származnia,
különben a meztelenségedből fogod eredeztetni. Ha
bizonytalansággal küzdesz, belülről vérzel, akkor
tedd azt, amit Izrael tett a pusztában, és emeld
tekintetedet az érckígyóra. Vedd le a tekinteted önma-
gadról, és emeld fel a szemedet a hegyre, ahonnan

a segítséged jön. Akkor, és csakis akkor fog Jézus felöltöztetni téged az ő szeretetével és igazságával. Minden bizonytalanságodat és szégyenedet el fogja fedni az ő vére.

A kereszt nem egyszerűen helyreállítja az identitásodat, hanem amikor a Szent Szellem lakozást vesz benned, az kiemeli a tested értékét. A fizikai tested azért értékes, mert a Szent Szellem él benne és az ő templomává válik. Sok fiatal küzd azzal, hogy elfogadja önmagát a fizikai megjelenése miatt. A társadalom azt mondja nekik, hogy nem ütik meg a mércét. Meg kell értenünk, hogy a testünk értékes Isten számára. Ő teremtette. Ő gyógyítja meg. Ő fogja feltámasztani. Megjutalmaz minket a mennyben, annak alapján, amit a testben tettünk. A Sátán a saját gonoszságainak a terjesztésére akarja használni a testünket. A drága Szent Szellem nemcsak a szellemünkben, hanem a testünkben is berendezkedett.

Amikor Barack Obama elnök lett, 2005-ös Dodge-ját, amelyet elnökké válása előtt vezetett, egymillió dollárért árverezték el az eBay-en. Az a kocsi húszezer dollárt sem ért. Miért fizetne érte bárki is egymillió dollárt? Hát azért, mert korábban Obama vezette. Annak az autónak az értéke drasztikusan megnőtt, kizárólag a volt tulajdonosa miatt. A Szent Szellem nem Obama: ő Isten. Az nem úgy megy, hogy ő csak használ téged, aztán egyszerűen lecserél valaki másra. Benned él! A tested az ő otthona. Mint ahogyan annak a régi Dodge-nak az értékét is a tulajdonosa határozta meg, úgy a te értékedet is a Tulajdonosod határozza meg. Vigyáznod kell rá. Nem szabad összehasonlítanod másokkal. Nem azt szorgalmazom, hogy büszkén és arrogánsan viselkedj, hanem járj méltósággal, mint akinek az identitása a Teremtőtől és a Kereszttől származik.

* * * *

Ne kérdőjelezd meg a sötétben azt, amit Isten a fényben kinyilatkoztat

Még egy utolsó gondolat. A legnagyobb kísértés az identitásod területén fog jelentkezni. Az első Ádám és az utolsó Ádám is szembesült az ördög kísértésével ezen a területen. A Sátán megpróbálta meggyőzni Ádámot arról, hogy olyan lehet, mint Isten, ha eszik a tiltott gyümölcsből. Ádám már akkor is olyan volt, mint Isten. Tudnod kell, hogy ki vagy, mert ez megfosztja az ördögöt a kísértés hatalmától.

„Te vagy az én szeretett Fiam" (Máté 3:17). Isten ezt fennhangon kijelentette Jézus vízkeresztsége során. Amikor Jézust megkísértette a pusztában az ördög, akkor megpróbálta megkérdőjelezni ezt a kinyilatkoztatást azzal, hogy ezt mondta: „Ha te vagy az Isten Fia..." (Máté 4:3). A Sátán mindig kérdőjelet tesz oda, ahová Isten felkiáltójelet tett. A kísértés során kétségeket támaszt benned mindazzal kapcsolatban, ami a kinyilatkoztatás során egyértelmű volt. Ne engedj ennek a kísértésnek. Élj Isten igazságának kenyeréből.

Miután felfedezed, hogy ki vagy, a Sátán megpróbál majd rávenni ennek megkérdőjelezésére és arra, hogy térj vissza a tiltott fához és egyél róla. Mondd meg az ördögnek, hogy menjen a pokolba a kérdéseivel és a hazugságaival. Mondd meg a lelkednek, hogy csak Jézus keresztjére nézzen, ott keresse az értékét és az önértékelését.

Ha felfedezed, hogy ki vagy Jézusban, akkor készen állsz a kapcsolatra. Ez a kapcsolat nem lesz a bálványod, mivel az identitásod már megszilárdult Isten képmásaként és az ő golgotai áldozatában.

Mielőtt továbblépnénk Évára, még valamit mérlegre kell tennünk Ádám életében. Mielőtt megkapta volna társát Istentől, Ádám már tisztában volt küldetésével, vagyis volt feladata! Erről a következő fejezetben fogunk beszélni. Semmiképpen ne hagyd ki a következő fejezetet!

3. Ha nincs pénz, nincs méz

Gyülekezetünkben volt két ifjúsági pásztor, mielőtt én ifjúsági vezető lettem. Az első srác hat hónap elteltével lemondott, és újabb hat hónap után a második is követte a példáját. Én is majdnem kiléptem hat hónap után! Nekem úgy tűnik, hogy ez a fél év a mézeshetek időszaka az ifjúsági szolgálatban.

Körülbelül tizenhat éves lehettem, amikor felkértek, hogy legyek a következő ifjúsági lelkész. A mi ifjúsági szolgálatunk az unokatestvéreimből álló kis csoport volt, és csütörtök esténként találkoztunk a templomtól kölcsönkért egyik teremben. A lelkészemnek az az őrült ötlete támadt, hogy felvesz a gyülekezet

részmunkaidős alkalmazottjának, amikor még közép-
iskolás voltam. Emlékszem, hogy a pletykák szerint
a gyülekezet havi néhány száz dollárt fizetett volna
nekem a szolgálataimért. Ezt én visszautasítottam,
mert attól féltem, hogy elveszítem a mennyei jutal-
mamat, ha a földön bármilyen díjazásban részesülök.
Apám viszont elég ostobának találta az ötletemet,
hogy lemondjak a javadalmazásomról, mivel az ő
benzinjét és pénzét használtam arra, hogy eljussak
a templomba. Ragaszkodott ahhoz, hogy fogadjam
el a pénzt a gyülekezettől, és használjam fel a szol-
gálat céljaira.

Ez volt az első munkám – a gyülekezetnek dolgoz-
tam. Valójában ez volt az egyetlen munkám egész
eddigi életemben. Néhány nagybátyám még mindig
gúnyolódik rajtam, és azt kérdezik, mikor lesz már
igazi munkám. Számukra az igazi munka csak az
árveréseken megvásárolt autók javítását jelenti, vagy
ha valaki az építőiparban dolgozik, esetleg nyerges-
vontatót vezet.

A gyülekezetnek dolgozni nem volt olyan szóra-
koztató, mint ahogyan azt elképzelheted. Egyedül
voltam ott, és fogalmam sem volt arról, hogy mit is
csinálok. Valójában sokáig elképzelésem sem volt
arról, hogy mit kell tennem. Én voltam a titkárnő, a
gondnok, a videószerkesztő, a prédikátor, a dicsé-
retvezető és minden, amire csak gondolni tudsz.
Hetente kétszer nyírtam a füvet, és jelentkeztem

prédikálni a helyi börtönben és hajléktalanszállón. Annyi feladatot vállaltam, amennyit csak tudtam, bármit megtettem, hogy ne érezzem úgy, hogy csak pazarlom a gyülekezet pénzét. A gyülekezetünk egy ideig, valójában több mint tíz évig nem növekedett. Volt bennem egyfajta bűntudat, amit csak azok értenek meg, akik valamilyen gyülekezetnek dolgoznak. Felelősnek éreztem magam azért, hogy a gyülekezet nem növekszik.

Nem azért léptem be a szolgálatba, hogy meggazdagodjam vagy pénzt keressek. Nem kaptam sokat. Még akkor is minimálbért kaptam, amikor elkezdtem teljes munkaidőben dolgozni – és ez sok-sok éven keresztül így is maradt. Különösen hálás vagyok apámnak, amiért megtanított arra, hogyan gazdálkodjam jól a pénzzel, hogy csak addig nyújtózzam, amíg a takaróm ér, hogy úgy spóroljak, mintha Dave Ramsey[8] gyermeke lennék, és hogy úgy meneküljek az adósságok elől, mint a bűntől. Mindössze minimálbéres munkával, húszéves koromra meg tudtam venni az első lakásomat, amelyet bérbe adhattam. Míg a legtöbb tizenéves azért próbált pénzt megtakarítani, hogy vegyen egy puccos autót, ami folyamatosan veszít az értékéből, én azért takarítottam meg pénzt, hogy olyan vagyontárgyat vegyek, amelynek az értéke az idő múlásával növekszik. Ezután a lakás bérleti díjából elég pénzt kerestem ahhoz, hogy új autót vásároljak. Utólag visszagondolva, ostoba döntés

8   Neves pénzügyi tanácsadó.

volt új autót venni, egyenesen a márkakereskedőtől, havi törlesztőrészlettel, de legalább nem én fizettem az autóért – hanem a bérbeadott lakás. Ez idő tájt kezdtem el pénzt gyűjteni az esküvőre, mivel még a házasság előtt álltam.

Két dolgot tettem, ami segített felkészülni a házasságra. Az egyik az volt, hogy hallgatni kezdtem egy házassági podcastot. Valójában már a házasságkötésem előtt sok éven át hallgattam ezt a podcastot. Ez Jimmy és Karen Evans „Házasság ma" című műsora volt. Nagyon ajánlom mindenkinek, aki készen áll a házasságra, vagy aki egyszer meg akar házasodni. Másodszor, elkezdtem pénzt gyűjteni az esküvőre. Mivel nem kerestem sokat, tudtam hogy ez hosszabb időt vesz igénybe. Őszintén hittem és hiszek abban, hogy ha meg akarsz házasodni, akkor nem egy lányt kell keresned. Előbb készülj fel a gondolkodásodban a házasságra és takaríts meg pénzt.

Elég sok esküvőn voltam már ahhoz, hogy tudjam: az irányítja az esküvőt, aki fizet. A legtöbb házasság azért indul rosszul, mert mindkét fél le van égve, ezért a szüleik fizetnek mindent, és ők döntik el, mi történik az esküvőn. Engem nem zavart, hogy ajándékot kaptam a szüleimtől, de azt akartam, hogy az én esküvőm az enyém legyen, ne az övék. Azt akartam, hogy a feleségem döntse el, milyen legyen az esküvőnk, nem az anyja vagy az én anyám. Ahhoz, hogy ez megtörténhessen, annyi megtakarítással kellett rendelkeznem, hogy a szüleim segítsége nélkül is ki tudjam fizetni az esküvőt, a költözés költségeit és a nászutat. Isten kegyelméből mindezt meg tudtam tenni, és még mindig maradt néhány ezer dollárom – és mindezt egy minimálbéres munkával sikerült elérnem. Minimálbéres munkám volt, és maximális fegyelemmel őrködtem, hogy ne adósodjam el, ne vásárolgassak fölöslegesen csak azért, hogy lenyűgözzek másokat, és őrült módon takarékoskodtam.

*** * * ***

Ádámnak feladata volt

Akkor az Úristen fogta az embert, és az Édenkertbe helyezte, hogy gondozza és őrizze azt.

1Mózes 2:15

Amikor Isten megteremtette Ádámot, az Édenkertbe helyezte őt. Ez Isten jelenlétére utal. Ádámot Isten a saját képmására teremtette – ez az identitásról beszél. Mielőtt Éva belépett volna az életébe, Isten munkát adott Ádámnak. Az volt a feladata, hogy vigyázzon a kertre és nevet adjon az állatoknak. Nem volt túl jól megfizetett munka, de biztosított neki helyet, ahol lakhatott, élelmet, amit ehetett, valamint elfoglaltságot. Talán azért nem érezte magát magányosnak, mert nem volt tétlen. Istennek kellett felhívnia a figyelmét arra, hogy keressen magának feleséget. Isten így kezeli a kapcsolatokat – ha házastársat akarsz, keress valami munkát. Nem kell feltétlenül álommunkának lennie, de kell valami, ami lefoglalja az elmédet, produktívan tart, és pénzt tesz a bankszámládra.

A munka az ember bukása előtt jött létre. A munka nem az átok következménye. A munka lefoglal, ami segít a kísértés leküzdésében. A tétlen elme az ördög műhelye. Nagy különbség volt József és Dávid között.

> A tétlen elme az ördög műhelye.

Az egyik ok, amiért az egyik szexuális bűnbe esett, a másik pedig legyőzte a kísértést, a tétlenség kérdése volt. József azért ment a házba, hogy elvégezze a munkáját, nem volt tétlen. Nem volt ideje arra, hogy Potifár feleségével flörtöljön. Dávid viszont nem ment el a háborúba, hanem otthon maradt és egész nap aludt. Nem tudott ellenállni a kísértésnek, hogy megnézzen egy meztelen nőt, és végül bűnt követett el. Ezért akarja Isten, hogy szorgalmasan és keményen dolgozz. Ez segít megmaradni a szentségben, érettebbé tesz, ráadásul felkészít az esküvőd kifizetésére és a házasságod kézben tartására.

Ha elolvassátok a Bibliát, látni fogjátok, hogy Isten soha nem hívott el lusta és tétlen embereket az ő országának munkájába. Mózes az apósának dolgozott, amikor elhívást kapott. Elizeus is dolgozott, miközben megkapta az elhívását. Péter és János hálókat javított, amikor Jézus elhívta őket. Ha fel akarsz készülni a házasságra, szerezz munkát – szerezz hivatást.

* * * *

Karrier és hivatás

Ádám tehát nevet adott minden jószágnak, az ég madarainak és a mező minden állatának. Ádám számára azonban nem találtak hozzáillő segítőt.

1Mózes 2:20.

Azon túl, hogy Ádámnak volt munkája, ami „koszt-kvártélyt" biztosított neki, de még meztelen is volt, így nem kellett azon aggódnia, hogy mit vegyen fel. Ádámot Isten arra is felszólította, hogy nevezze meg az állatokat, és konkrét utasításokat kapott arra vonatkozóan, hogy ne egyen a tiltott fáról.

Az egyedülállók egyik leggyakrabban feltett kérdése az, hogy mit kezdjenek az életükkel. Sokan nincsenek tisztában a hivatásukkal, mások pedig nagyon szeretnék megismerni Istennek a karrierjükre vonatkozó akaratát. Ádám számára a karrier kérdése egyszerű volt: „gondozd a kertet". Ez biztosította a szükségleteit: helyet biztosított neki, ahol alhatott, és ételt, amit ehetett. Másrészt az volt a hivatása, hogy Isten jelenlétében legyen, megnevezze az állatokat, és távol maradjon a tiltott fától.

De mi van velünk?

Mielőtt a karrierünkről és a hivatásunkról beszélnénk, tisztázzuk a kettő közötti különbséget.

> A karrierünkről mi döntünk; a hivatásunkat
> felfedezzük.
> A karrier természetes; a hivatás természetfeletti.
> A karrier változhat; a hivatás nem.
> A karrier a pénzért van, a hivatás az
> örökkévalóságért.

Tetszik, ahogy Brian Houston, a Hillsong vezető lelkipásztora ezt megfogalmazza: „a karrier az, amiért fizetnek, a hivatás az, amire teremtettek".

Ha a karrieredről van szó, ez tényleg csak rajtad múlik. Ha megkérdeznéd Pál apostolt, hogy Isten mit akar, mit tegyél, ha karrierről van szó, azt mondaná neked: „*Bármit teszel, úgy tedd, mintha az Úr*ért tennéd". (Kolossé 3:23) Ennek a kérdésnek a tisztázásához nem szükséges hosszú böjtöt tartanod. A „bármi" azt jelenti, hogy „bármi", fölösleges ezen túl sokat tipródni. A karriered sokszor fog változni életed során. Ez olyasmi, amiről a következők alapján döntesz:

Bármi, amit szeretsz.
Bármi, amiben jó vagy.
Bármi, ami illik a képességeidhez.
Bármi, ami nem illegális vagy erkölcstelen.
Bármi, ami segít másoknak és dicsőséget szerezhet Istennek.

Ha úgy gondolod, hogy tudod, mit szeretnél kezdeni a karriereddel, akkor előbb vizsgáld meg a döntésedet. Ne menj főiskolára és ne adósodj el csak azért, hogy aztán utáld a munkádat,

> Kémleld ki, mielőtt elfoglalnád.

amit ezen a szakterületen végzel. Józsué kémeket küldött, hogy vizsgálják meg a földet, amelyet el akartak foglalni. Vizsgáld meg az ígéret földjét. Kémleld ki, mielőtt elfoglalnád. Találkozz olyan emberekkel, akik ugyanazt a munkát végzik. Figyeld őket néhány napig, hogy megtudd, tényleg tetszik-e neked. Először próbáld ki azt a karriert, mielőtt megszereznél egy bizonyos diplomát vagy bizonyítványt, amelyet nem biztos, hogy teljes mértékben használni fogsz.

Még valami: gondolj a karrier anyagi előnyeire. A karriert nem szórakozásból vállaljuk, hanem pénzért. A karriered nem lehet jótékonysági tevékenység, azaz nem szabad ingyen dolgoznod – jó fizetésre van szükséged. Vannak, akik olyan karriert választanak, ami egyáltalán nem fizet, de nagyon szeretik azt a munkát. Nem vagyok híve annak, hogy olyan munkát végezzünk, amit utálunk csak azért,

> Tudd meg a fizetséget, mielőtt ölni indulsz.

mert jól fizet, de lehet azt tenni, amit szeretünk és jó fizetést húzni érte. Ne feledjük, Dávid nem ment Góliát ellen, amíg nem tudta meg, hogy mi lesz a jutalma. Valójában az volt az egyik oka annak, amiért nem harcolt a testvéreivel, hogy abban a csatában nem volt zsákmány. Dávid nagyon bölcs volt. Csak olyan csatákat vívott meg, amelyeknek volt valami jutalma. Néhányan azt gondolják, hogy nem szellemi a jutalomról érdeklődni, mielőtt megtámadjuk a főiskolai diploma „Góliátját". Tudd meg a fizetséget, mielőtt ölni indulsz.

Sokan összekeverik a karrierjüket és a hivatásukat. Mint már említettem, a hivatásunk olyasvalami, ami nem változhat, és ami a mozgatórugója mindannak, amit az életben teszünk. Az életed során meghozott minden természetes döntésedre befolyást gyakorol majd a hivatásod. A karriered egyike azoknak a természetes döntéseknek, amelyeket meg kell hoznod, és valójában a hivatásod platformjaként szolgálhat.

Tetszik, ahogyan Bill Johnson válaszolt a karrierre és a hivatásra vonatkozó kérdésre. „Az emberek gyakran odajönnek hozzám és kérik, hogy imádkozzam értük, hogy felfedezhessék Isten akaratát az életükre nézve. Én már tudom, hogy mi Isten akarata az életükre – betegeket gyógyítani, halottakat feltámasztani, ördögöket kiűzni, leprásokat megtisztítani. Azt mondják: 'Igen, de tudnom kell, hogy tanítónő legyek-e vagy misszionárius'. Én erre ezt szoktam válaszolni: 'Nos, csak válassz egyet, és aztán gyógyítsd a betegeket, támaszd fel a halottakat, űzd ki az ördögöket, tisztítsd meg a leprásokat'. Vagy ezt mondják: 'Csak azt nem tudom, hogy házas legyek-e vagy egyedülálló'. Azt felelem: 'Te mit szeretnél?' 'Nagyon szeretnék megházasodni.' 'Akkor házasodj meg... és gyógyíts betegeket, támassz fel halottakat, űzz ördögöket, tisztíts meg leprásokat'."

A karrierről önállóan dönthetsz. Ez változhat, és ez így is van rendjén, amíg Isten dicsőségére teszed, teljes szívedből. És mi a helyzet a hivatásoddal? Szeretnék tisztázni néhány szempontot Isten elhívásával kapcsolatban is. Mindannyiunknak van egy általános elhívása Istentől, ami az, hogy vele legyünk, távol maradjunk a bűntől, és megnyerjünk és tanítványokká tegyünk lelkeket. Ez a hivatás az, hogy meggyógyítsuk a betegeket, kiűzzük az ördögöket és megmutassuk Isten országát a földön. Ez a hivatás minden keresztényre vonatkozik, nem csak a papságra. Ha most nem ismered a konkrét hivatásodat, akkor foglalkozz Isten általános hivatásának teljesítésével, amely három „k"-kezdőbetűs kifejezéssel foglalható össze: kövesd Istent, kerüld el a bűnt, és keresd meg az elveszett lelkeket.

Kezdd az általános hivatásod teljesítésével, és utána pillanatok alatt nyilvánvalóvá válik a konkrét elhívásod. Arra bátorítom az egyedülálló embereket, hogy ne a hivatásukat keressék, hanem Istent, maradjanak távol a bűntől és végezzenek szolgálatot a helyi gyülekezetben, minden lehetséges minőségben.

Meg fogsz lepődni, amikor belebotlasz a saját különleges elhívásodba. Saul és Dávid nem a királyságot kereste, valójában mindketten az apjuk megbízását akarták teljesíteni, és a királyság találta meg őket. Sokan a sorsukat hajszolják, pedig azt kellene követniük, amit Isten már kinyilatkoztatott az Igében. Ha Isten országát keresed, minden mást megkapsz – beleértve azt a konkrét hivatást is, amit ő az neked szánt. Még a mi Megváltónk is, bár tizenkét éves korában el akarta kezdeni a hivatását, mégis alávetette magát földi szüleinek, akik semmi falrengető tettet nem hajtottak végre. Jézus harminc évesen kezdte meg szolgálatát, sőt Mózes nyolcvan éves volt, amikor a szolgálata megkezdődött, de mindketten teljesítették Istennek az életükre vonatkozó akaratát. Légy hűséges abban, amiről tudod, hogy most kell tenned, és idővel Isten világossá fogja tenni az akaratát.

> Kezdd az általános hivatásod teljesítésével, és utána pillanatok alatt nyilvánvalóvá válik a konkrét elhívásod.

> Inkább keresd Istent, mint a hivatásodat.

Mindenkit elhívott Isten, de nem mindenki fog teljes idejű szolgálatot végezni. Csak akkor törekedj teljes idejű szolgálatra, ha erre kifejezett elhívást érzel. Kövesd Istent, menekülj a bűntől, és érd el az elveszetteket azon a szinten, amelyen most vagy. Soha ne feledkezz meg arról, hogy ha elhí-

> Törölközőt keress, ne titulust. Szolgálati lehetőségeket keress, ne a pódium ragyogását.

vást kaptál teljes idejű szolgálatra, akkor is időbe telik, amíg beléphetsz ennek a hivatásnak a teljességébe. Dávidot felkenték a trónra, de sokáig nem kapott koronát. Valójában eleinte nem király, hanem muzsikus volt a palotában. József megálmodta a jövőjét, amelyben uralkodói méltóságra emelték, de rabszolgaként kezdte, majd fogollyá léptették elő, akinek szörnyű híre volt. A hivatásod teljességéhez vezető út valószínűleg nem olyan lesz, mint amilyenre számítasz. És még ha el is éred, valószínűleg nem úgy fogod ezt megélni, mint amire számítottál. Még Jézus is, aki a királyok királya, csecsemőként kezdte a jászolban, majd Isten Báránya lett, aki meghalt a kereszten. Ha tudod, hogy Isten elhívott téged a teljes idejű szolgálatra, légy türelmes. Isten fejleszteni fog, és fel fogsz növekedni a feladathoz. Törölközőt keress, ne titulust. Szolgálati lehetőségeket keress, ne a pódium ragyogását.

Keress egy kertet, amelyet gondozhatsz, és állatokat, amelyeket megnevezhetsz.

Dönts a karrierről. Fedezd fel a hivatásodat.

* * * *

Kezeld a csodádat

Amikor Jézus megszaporította a kenyeret, mindenki annyit evett, amennyit akart, és mindenki jóllakott. A kenyérből és halból olyan sok volt, hogy Jézus arra utasította tanítványait, hogy a maradékot gyűjtsék kosarakba. Jézus ezzel azt a leckét akarta nekünk megtanítani, hogy amikor ő megáld bennünket, akkor bővölködni fogunk. Azt várja tőlünk, hogy ne pazaroljuk el a felesleget, ne herdáljuk el a többletet, hanem jól gazdálkodjunk vele. Nem számít, hogy mivel vagy mennyivel áld meg minket Isten, meg kell tanulnunk gazdálkodni a csodákkal. Ez azt jelenti, hogy gazdálkodnod kell a pénzeddel, még akkor is, ha csak egy kicsi cipónak és halnak látod.

> Ha Isten áldása rossz gazdálkodással jár együtt, akkor mindig csóró leszel.

Ha Isten áldása rossz gazdálkodással jár együtt, akkor mindig csóró leszel. Nem azért, mert a munkád nem fizet eleget, hanem azért, mert rosszul gazdálkodsz azzal a kevéssel, amid van.

Sokan azzal mentegetik a rossz gazdálkodásukat, hogy nem az álommunkájukban dolgoznak, és nem keresnek eleget. De hiába keresel sok pénzt, az nem fogja helyrehozni a rossz szokásaidat. A tékozló fiúnak sok pénze volt, de rossz és istentelen

szokásai miatt mindenét elvesztette. Sok sportoló,
aki dollármilliókat keres valamelyik profi csapatban,
visszavonulása után néhány év alatt minden pénzét
elveszíti. Hiába vagy jó a sportban, attól még nem
leszel jó a pénz kezelésében.

A legtöbb ember azért jár iskolába, hogy diplomát
szerezzen, és így hatalmas karriert tudjon befutni. A
karrierjükben kiválóak lesznek, és ez a karrier pénzt
hoz nekik. De mivel nem tanulták meg, hogyan gaz-
dálkodjanak ezzel az áldással, sokan végül teljesen
kimerítik a hitelkeretüket, egyre több pénzt felélnek,
és fizetéstől fizetésig élnek. Sok pénzt keresnek, de
szegények. Miért? Mert a pénzkezelés terén ugyanúgy
szükségünk van oktatásra, mint ahogyan a karrierünk
beindításához is.

Eszembe jut Shaquille O'Neal története. Miután
behívták az NBA-be, az első megkeresett millióját
30 perc alatt
elverte. O'Neal
ezután kapott egy
telefonhívást a ban-
kárjától, aki
megdorgálta és
közölte vele, hogy
ha így folytatja, ő is

> „Nem az a lényeg, hogy
> mennyi pénzt keresel. A
> kérdés az, hogy elég képzett
> vagy-e ahhoz, hogy MEG IS
> TARTSD?"

csatlakozik a csődbe jutott korábbi sportolók sorához.
Így hát ez a kosárlabdázó elment főiskolára, és
elmélyítette a tudását üzleti és pénzügyi

ismeretekben. Először alapdiplomát, aztán mesterdiplomát, majd Ed.D-fokozatot szerzett (a neveléstudományok doktora). Így ő most Dr. Shaquille O'Neal. Shaq ma a Five Guys Burgers éttermek, az Auntie Anne's Pretzels éttermek, számos autómosó, számos 24 órás fitneszközpont, egy bevásárlóközpont és egy mozi résztulajdonosa. És ebben még nincsenek benne a reklámbevételei és elemzői munkájának az eredményei.[i] Shaq saját szavaival élve: „Nem az a lényeg, hogy mennyi pénzt keresel. A kérdés az, hogy elég képzett vagy-e ahhoz, hogy MEG IS TARTSD." Műveltnek kell lenned ahhoz, hogy meg tudd tartani, amit keresel. A kulcs a gazdálkodás. Ezt most kell elkezdened. Ne várj addig, amíg több fizetést kapsz, vagy befejezed a főiskolát. Most azonnal kezdd el kialakítani a jó gazdálkodás szokásait.

Vannak, akiknek a számára a pénzkezelés magától értetődik, mert a szüleik jó példát mutattak ezen a téren. Másoknak ezt a szokást önállóan kell elsajátítaniuk. Szerezz valami jó könyvet a pénz kezeléséről, ne a legújabb sorozatot bámuld a Netflixen. Tölts le egy hangoskönyvet a pénz beosztásáról, a befektetésekről és más olyan témákról, amelyek segítenek neked az áldásaid kezelésében. Nem véletlen, hogy a legtöbb vezérigazgató havonta három-négy könyvet is elolvas, míg az alkalmazottak általában évente csak egy könyvet vesznek a kezükbe. Sokan az iskola befejezése után abbahagyják a tanulást, ami gyakran a jövedelmükön is meglátszik.

Keresd a tudást, ne elégedj meg a szórakozással. Nem azt mondom, hogy a szabadidőd minden percét tanulással, művelődéssel, vagy a karrieredben és hivatásodban való fejlődéssel kell töltened, de ha az időd nagy részét a közösségi médiában töltöd, vagy filmeket nézel és videojátékokkal játszol, akkor nem fogod megtanulni, hogyan tudnád jobban kezelni a pénzügyeidet, még akkor sem, ha sok pénzt keresel.

Uraim: ismerjétek meg a küldetéseteket, mielőtt társat keresnétek. Ne feledjétek, Isten Ádámnak segítőtársat küldött, nem egyszerűen lelki társat. Isten azt akarja, hogy a házastársatok a szolgálatban és az üzleti életben is partneretek legyen, nem csak a szeretőtök, akivel ágyba bújtok. Nem azért van ott, hogy ételt készítsen és gyerekeket szüljön, hanem azért, hogy a segítőtársad legyen a hivatásodban.

Hölgyeim: ne várjatok a cukrosbácsira. Izgalmas látni, hogy a mai fiatal nők Istent és a céljukat keresik, nem egy férfit. Nem elégedhettek meg annyival, hogy egy férfi házvezetőnőjévé váljatok. Ti mindenekelőtt a Magasságos Isten leányai vagytok. Ő teremtett titeket, tőle kaptátok a képességeiteket, és elhívott titeket az ő céljára. Mint Ruth, keressetek egy mezőt, ahol dolgozhattok, és meg fogtok lepődni, de azon a mezőn nagyszerű férfit fogtok találni. Ne a férfi megtalálását tegyétek szingli életetek céljává – tegyetek meg mindent küldetésetek teljesítéséért.

Most, hogy az Istennel való bensőséges kapcsolatról, a Jézusban való identitásról és a munka fontosságáról beszéltünk, a következő fejezetben azt a csapdát fogjuk megvizsgálni, amelyet az ördög állít azoknak, akik meg akarják találni az igazit.

4. Randizás majmokkal

Tizennégy éve vagyok ifjúsági lelkész, ezért bőven nyílt lehetőségem annak megfigyelésére, hogy a romantikus kapcsolatok milyen hatást gyakorolnak a fiatalok életére, különösen akkor, ha valaki úgy dönt, hogy olyan valakivel randizik, aki nem osztja a hitét és értékrendjét. Sok fiatalt láttam már, aki tönkretette az életét ezen az úton, és néhányan soha nem nyerték vissza a hitüket.

Körülbelül húszéves lehettem, amikor az egyik új, ígéretes tizenéves vezetőnket, egy lányt, kiscsoportvezetővé akarták kinevezni. Két nappal a nyilvános bejelentés előtt valaki a MySpace oldalára mutató hivatkozást küldött nekem, ahol a kapcsolati státusát úgy tüntette fel, hogy új barátja van. Ez a lány még csak középiskolába járt, és az volt az irányelvünk, hogy a középiskolás vezetők tartózkodnak a randizástól.

Rákattintottam a barátja MySpace-oldalára (a MySpace olyan volt, mint a mai Facebook), és a fiatalember profilja tele volt szoftpornó-képekkel. Minden barátja úgy nézett ki, mint egy pornósztár. Gyorsan felhívtam az új vezetőnket, hogy utánajárjak, igaz-e, hogy egy olyan sráccal randizik, akinek nyilvánvalóan gondjai vannak a kéjvággyal. Megerősítette, hogy a MySpace-en akadt rá és hogy randiznak, bár fizikailag még nem találkozott vele. Emlékeztettem őt, hogy nagyon nem javasoljuk középiskolás vezetőinknek a randizást. Azt mondta, hogy szereti a férfit, és a mi irányelveinknek nincs semmi jelentőségük. Amikor megkérdeztem, hogy szerinte rendben van-e az, hogy a férfi nyilvánvalóan pornófüggő, a válasza megdöbbentett: „Kicsit jobb állapotban van, mint régebben, és imádkozom érte". Elmondtam neki, hogy Isten csodákra képes azokkal, akik rászorulnak, de ő egyértelműen engedetlen Istennel szemben, mert olyan valakivel akar kapcsolatra lépni, aki nem illik hozzá. A srácnak szabadulásra volt szüksége, nem pedig randevúra. Úgy döntött, hogy nem lesz vezető, és inkább a MySpace-webhelyen talált szerelméhez ragaszkodik. A fiú egy nap meglátogatta őt, és elkezdtek nyilvánosan randizni. Végül a lány kilépett a gyülekezetből. Nem telt el sok idő, míg a srác szakított vele és elhagyta őt. Sőt, még nyilvánosan meg is alázta azzal, hogy megkereste a barátait és felfedte előttük azt a tényt, hogy elvette a lány szüzességét és mindenféle helytelen tettel vádolta.

Ezután ez a lány egyik pasitól a másikhoz szaladt, hogy betöltsék a szívében tátongó űrt. Végül férjhez ment, de rosszul sikerült a házassága és elváltak. Eddig még nem sikerült felépülnie tetteinek a következményeiből. Próbálok rendszeresen imádkozni érte, hogy az Úr legyen irgalmas hozzá és állítsa helyre. Alaposan megtanultam azt a leckét, hogy nem számíthatunk Isten csodáira, ha valaki nyíltan szembeszegül Isten elveivel. Isten világosan megfogalmazza a házastárs keresésére vonatkozó irányelveit, különös tekintettel az olyan emberekkel való kapcsolatra, akik nem osztják a hitünket és meggyőződésünket.

* * * *

Keresgélés az állatok között

Ádám tehát nevet adott minden jószágnak, az ég madarainak és a mező minden állatának. Ádám számára azonban nem találtak hozzáillő segítőt.

1Mózes 2:20.

Ádám, miután Isten közölte vele, hogy egyedül van, elkezdte megnevezni az állatokat, és magához illő segítőtársat keresett közöttük. A Szentírás ezt mondja: „Ádám számára azonban nem találtak..." A *talált* szó arra utal, hogy valaki keresett valamit vagy valakit. Ádám egyszerre adott nevet az állatoknak és keresett házastársat. Hatalmas küzdelem lehetett Ádám számára, a különböző állatok elhaladtak mellette, és próbálta kitalálni, hogy valamelyikük hasonlít-e rá. Képzeljük el, amint Ádám házastársat keres az állatok között. Valószínűleg azt gondolta, hogy az elefánt egyértelműen túl nagy, a kígyó pedig talán túlságosan is furcsa. Az oroszlánok határozottan túl ijesztőek voltak. De aztán megjelent a csimpánz, ami valójában jobban hasonlított rá, mint bármely más állat. Valószínűleg a majom állt hozzá a legközelebb. Talán Ádám ezt gondolhatta: „Ha Isten egy kis plasztikai műtétet végezne a majmon, akkor működhetne. Talán egy kis szőrtelenítés és talán egy kis arcműtét. A majom nem tud kommunikálni, így talán Isten azt is helyrehozhatná. Elvégre Isten a teremtés és a csodák Istene." Mit gondolsz, mi történik, ha Ádám így áll hozzá a házastárs kereséséhez?

Nagyon szeretem Ádámban, hogy nem vitte oda Isten elé a majmot, hogy javítsa meg. Ehelyett azt mondta Istennek, hogy képtelen megfelelő segítőtársat találni. Miért nem bízott Istenben, hogy csodával határos módon átalakítja az egyik állatot? Rajtuk kívül nem volt más lehetősége, nem úgy tűnik, mintha Isten más embereket is rejtegetett volna valahol. Miért nem fogadta el azt, ami éppen akkor rendelkezésre állt?

Mielőtt Isten bemutatna téged Évának, az ördög majmot fog neked felajánlani. A majom olyan valaki, aki nem illik hozzád, mert nem osztja a hitedet

> Mielőtt Isten bemutatna téged Évának, az ördög majmot fog neked felajánlani.

vagy az értékeidet. Olyan valaki, akit Isten elé kell vinni, hogy ő helyrehozhassa. Ádám úgy döntött, hogy inkább megvárja, amíg Isten összehozza őt a megfelelő személlyel, és nem próbálja meg rávenni Istent arra, hogy megjavítsa a nem megfelelő személyt.

Talán így gondolkodsz: „De ez túl sokáig tart!" Inkább gondolkodj úgy, hogy vagy így, vagy úgy, de mindenképpen várnod kell! Vagy arra vársz, hogy Isten összehozzon a megfelelő társaddal, vagy arra, hogy Isten helyrehozza a rossz személyt, akit Isten elveivel szembeszegülve választottál. Ne ess kétségbe! Ádám türelmetlenségből könnyen beérhette volna egy majommal – jó oka volt rá, hiszen nem volt más lehetősége. De inkább megvárta, hogy Isten megtalálja a számára megfelelő személyt.

Sok keresztény, fiatal és idős egyaránt, nem azért megy a világba, hogy megnyerje az elveszetteket, hanem hogy házastárs találjon. Ádámot Isten arra hívta el, hogy nevet adjon az állatoknak, nem pedig arra, hogy feleségül vegye őket. Arra kaptunk elhívást, hogy elérjük a világot, nem pedig arra, hogy barátkozzunk vele. Én ezt misszionárius randevúnak nevezem – amikor valakivel abban a reményben randevúzol, hogy majd megtér. Vagyis azért flörtölsz valakivel, hogy megtérjen. Tudom, hogy meglehetősen elterjedt ez az elképzelés, és vannak olyan emberek, akik megalapozottan számolhatnak be arról, hogy azért térhettek meg, mert egy kereszténnyel randiztak. Szeretném azonban hangsúlyozni, hogy ezek inkább kivételek, nem pedig követendő példák.

Tizenéves koromban szemtanúja voltam annak, amikor a bátyám fejjel lefelé lezuhant egy épület emeletéről, és beverte a fejét a betonba. Vér folyt a szeméből, szájából, szó szerint mindenhonnan, és agyrázkódást kapott. Csodával határos módon túlélte, és ma már kutya baja. Ám csak azért, mert túlélte azt a zuhanást, ennek az esetnek az alapján senkit sem bátorítanék arra, hogy ugorjon fejest a betonra az emeletről. Sőt, azt tanácsolnám, hogy legyetek nagyon óvatosak a magasban. Ugyanez vonatkozik a hitetlenekkel való randevúzásra is. Önmagában az a tény, hogy valaki más ezt tette és jól végződött, nem jelenti azt, hogy a nyomdokaiba kellene lépnünk. Isten alapelvei arra szolgálnak, hogy megvédjenek, nem pedig arra, hogy korlátozzanak bennünket.

Nincs garancia arra, hogy ha összeházasodsz egy hitetlennel és elkezdesz imádkozni és böjtölni érte, akkor meg fog térni. Valójában Isten nem köteles válaszolni erre az imára, ha tudatosan olyan

helyzetbe kerülünk, amely sérti az ő elveit. Nagyon
sokan nem veszik észre, hol van a csapda ebben
a megtévesztésben: *de hát én nagyon szeretem őt*. A
szeretet ilyen helyzetekben erkölccsé nemesedik a
szemünkben. Igaz, hogy Isten a szeretet, de a szeretet
nem Isten. Attól, hogy helyesnek érezzük, még nem
lesz helyes, ha Isten Igéje egyértelműen ellene van.
Talán ezt mondod: „De te ezt nem érted. Ez a csaj
annyira SZEXI." Figyelj haver, a pokol is forró, de
biztos vagyok benne, hogy nem akarsz oda kerülni![9]

* * * *

Közös igában

Ne legyetek hitetlenekkel felemás igában.
Mert mi lehet közös az igazságosságban és a
törvénytelenségben? És mi köze van a fénynek a
sötétséghez?

2Korinthus 6:14.

A járom egy széles deszka, amely két ökröt köt össze,
és az általuk húzott teherhez is kapcsolódik. Egy
„egyenlőtlenül összefogott" állatpárban az egyik
ökör erős, a másik gyenge, vagy az egyik magasabb
és nagyobb, mint a másik. A gyengébb vagy kisebb
ökör lassabban jár, mint az erősebb, így körbe-körbe
forognának a terhükkel. Ha össze nem illő ökröket
fognak közös igába, nem tudják elvégezni az eléjük

---

9   Lefordíthatatlan szójáték. A „hot" eredeti jelentése forró, de mai
    szleng kifejezésként lehet szexi, menő, szívdöglesztő stb.

kitűzött feladatot. Nem képesek együtt dolgozni, csak akadályozzák egymást.

Az össze nem illő állatok közös igába fogásának gondolata az 5Mózes 22:10-ből származik: *„ne szánts ökörrel és szamárral együtt".* Szerepel két további, a keveredés tilalmára vonatkozó parancs ugyanott. 5Mózes 22:9: *„Ne vess a te szőlődbe kétféle magot, nehogy megromoljon a mag termése, amelyet vetettél, és a szőlőskerted gyümölcse".* És ugyanennek a fejezetnek a 11. verse: *„Ne viselj különböző fajtájú ruhát, például gyapjút és lenvásznat vegyesen".*

Amikor Isten megteremtette a világot, a teremtett világ részeként rendet is teremtett. Az elválasztás és a határok megállapítása még a növények és állatok között is, hogy „mindegyik a maga neme szerint" szaporodjon, azt az elképzelést fejezi ki, hogy Isten világának egy bizonyos módon kell működnie. Vannak határok és korlátok, amelyeken belül a teremtett világ létezhet.

Amikor a házasságunkról van szó, Isten azt akarja, hogy egyenlő felek legyenek közös igában. Elvégre ez a legfontosabb kapcsolat a Jézussal való kapcsolatunk után. Isten azt akarja, hogy olyan emberrel legyünk egybekötve, akivel azonos a hitünk és meggyőződésünk, hogy ne járjunk körbe-körbe. Így együtt tudunk dolgozni, ellenkező esetben csak akadályozni fogjuk egymást.

* * * *

A szeretet türelmes

A szeretet türelmes és kedves.

1 Korinthus 13:4.

A majommal való randizás egyik motivációja az, hogy Éva nem elérhető – vagyis jelenleg nincsenek jó lehetőségek. Az egyedülálló emberek türelmetlenek és kétségbeesettek lesznek, pedig inkább Istenre kellene várniuk, hogy ő hozza el ezeket a lehetőségeket. A türelmetlenség mindig ahhoz vezet, hogy Izmaelt szülnek, pedig Izsákot kellene világra hozniuk az Isten által meghatározott időben. Saulnak a koronájába került a türelmetlensége. Izraelnek nem volt türelme megvárni Mózes visszatérését, ezért végül leborultak a bálványszobor előtt. *„De akik az Úrra várnak, megújul erejük"* (Ézsaiás 40:31.). Jézus azt mondta tanítványainak, hogy várjanak Jeruzsálemben, majd eljött a Szent Szellem.

József tizenhárom évig várakozott. Ábrahám huszonöt évig. Mózes negyven évig. Jézus pedig harminc éven keresztül várt türelmesen.

Ha Isten várakozásra késztet, akkor jó társaságban vagy. Remélem, nem kell ilyen sokáig várnod, de

> Mindig jobb arra várni, hogy Isten eléd hozza a megfelelő személyt, mint arra várni, hogy Isten helyrehozza a türelmetlenségből választott nem megfelelő személyt.

ne feledd, hogy még mindig jobb arra várni, hogy
Isten eléd hozza a megfelelő személyt, mint arra
várni, hogy Isten helyrehozza a türelmetlenségből
választott nem megfelelő személyt.

Időnként, amikor nem látod a továbbvezető utat,
várnod kell Istenre. Ez soha nem időpocsékolás.
Minden, ami türelmetlenségből és kétségbeesésből
születik, csak bánkódáshoz vezet. A szerelem türel-
mes, a vágy nem. A szerelem nem kétségbeesett, a
szerelem vár. Az igaz szerelem várakozik. Ha nem
tudsz várni, akkor ami benned bugyog, az talán nem
szerelem, hanem vágy.

> A szerelem türelmes, a vágy nem. A szerelem nem kétségbeesett, a szerelem vár. Az igaz szerelem várakozik.

Maria középiskolás
volt, amikor elő-
ször találkoztam
vele az ifjúsági cso-
portunkban. Már
az első látogatása
során átadta az
életét Jézusnak, és azonnal bekapcsolódott a gyü-
lekezet életébe. Az volt az álma, hogy jogosítványt
és autót szerez, hogy házicsoportot tudjon tartani,
és lányokat tudjon hozni a gyülekezetbe. Egy idő
után azonban egy közös baráton keresztül megis-
merkedett egy fiatal indiai fiúval. A fiú elkezdett
járni a gyülekezetbe, hogy mindig a lány sarkában
lehessen, még az előrehívásra is válaszolt, hogy
megmutassa, ki akarja próbálni a kereszténységet.

Megtérése azonban csak színlelt volt, csak azért játszotta el, hogy közelebb kerülhessen a lányhoz, aki tetszett neki. Maria, mivel nem volt apafigurája, mivel fiatal volt, és mivel tetszett neki, hogy a srác nyomul rá, figyelmen kívül hagyta azt a tényt, hogy ez a srác nem Jézus követője, és folytatta a kapcsolatot. Én azt tanácsoltam neki, hogy ne menjen bele ebbe a kapcsolatba, mert láttam, hogy udvarlója nem gondolja komolyan Istent. Ő azonban nem látott át a bűvöleten.

A halottat felöltöztethetjük ünneplőbe és illatosíthatjuk parfümmel, de ettől még nem fog megelevenedni. Röviden összefoglalva a történetet: mindketten elhagyták az egyházat, összeköltöztek és nyolc évig együtt voltak. Úgy döntöttek, hogy nem visznek vallási tárgyakat a házukba, hogy tiszteletben tartsák egymás kulturális hátterét. Maria, mivel korábban katolikus volt, tiszteletben tartotta a megállapodásukat, és nem hozott a családja vallási hátteréből származó tárgyakat az otthonukba. Ám nem kellett sok időnek eltelnie ahhoz, hogy a férfi elkezdje bevinni hindu bálványait az otthonukba. Állandóan veszekedtek emiatt, míg végül Maria nem bírta tovább és faképnél hagyta. Ez volt az a töréspont, amikor Maria visszatért a gyülekezetbe. Megbánta tettét, megtanult megbocsátani önmagának és legyőzni a szégyent. Isten helyreállította őt, ma már a házicsoportunkba jár, és a gyülekezetünk egyik vezetője. Az ő története arra emlékeztet, hogy jobb megvárni, hogy Isten hozza el a megfelelő embert, mint elhagyni Istent és megelégedni egy olyan emberrel, aki nem illik a hitünkhöz.

Ne hozz kétségbeesésből és türelmetlenségből olyan döntéseket, amelyeket később megbánhatsz. Isten randizásra vonatkozó elveinek megszegése általában nem vezet tündérmesébe illő végkifejlethez.

* * * *

Az elvek megvédik a tisztaságot

Amnon annyira gyötrődött Támár után, hogy beteg lett szerelméért, hisz mivel az szűz volt, lehetetlennek tűnt előtte, hogy vele valami illetlenséget elkövethessen.

2Sámuel 13:2.

Dávid királynak volt egy Amnon nevű fia, ő volt a legidősebb fiú, és Hebronban született. Ő volt Izrael trónjának várományosa, de elkövetett egy halálos hibát, amely az életébe került. Soha nem érte el a rendeltetését. Néhány gyakorlati tanácsot szeretnék megemlíteni arra nézve, hogyan tarthatjuk távol magunkat a „felemás igától".

Amnon királyfi volt, a palotában született, és megvolt a lehetősége, hogy ő legyen az uralkodó. Én ugyanezt hiszem rólad. Királyi család tagja vagy, Isten a saját képmására teremtett téged, az ő remekműve vagy. Az ő királyságában élsz. Elhívást és rendeltetést tartogat a számodra, amelyet be kell teljesítened.

Amnon beleszeretett Támárba. Amnon huszonkét éves lehetett, Támár pedig tizenöt. Támár történetesen a féltestvére is volt. *Amnon számára lehetetlennek tűnt, hogy vele valami illetlenséget elkövethessen.* A testvérrel vagy féltestvérrel való házasságot Mózes törvénye tiltotta és tiltja ma is (3Mózes 18:11). Amnon megoldhatatlannak látta ezt a helyzetet: szerette Támárt, de Isten törvénye szerint ez helytelen volt. Szerelme nagyon erős volt, ami elkeserítette és megbetegítette. Én ezt inkább kéjvágynak látom, nem szerelemnek. A vágytól félőrülten önpusztító életpályát választott. Nem is sejtette, hogy lehetőségeinek és életének hamarosan vége lesz. Tisztaságra van szükségünk ahhoz, hogy hozzáférhessünk a célunkhoz és a lehetőségeinkhez.

Amnon ezt a nehezebb úton tanulta meg. Nem az a probléma, ha nem

> A biológiát vesd alá a teológiának.

megfelelő személy romantikus érzelmeket kelt benned. Ha valaki olyasvalakit kedvelsz, aki nem osztozik a hitedben, az nem bűn. Az határozza meg, hogy ez bűn-e, hogy mit kezdesz ezekkel az érzésekkel. Amnon nem azzal követte el a hibát, hogy odáig volt Támárért, hanem azzal a döntésével, hogy ennek megfelelően cselekedett. Ez vezetett a bukásához. Ha valakibe belehabarodsz, az a biológiai léted természetes része, de ezt alá kell vetned a teológiai látásodnak. Nem az apjához fordult, aki segíthetett volna neki kizökkennie ebből a lelkiállapotából, hanem alattomos unokatestvérével, Jónadábbal osztotta meg az érzéseit, aki nem dorgálta meg, és nem is imádkozott érte. Ehelyett Jónadáb tervet eszelt ki, amivel a gyanútlan Támárt Amnon hálószobájába csalták. Az őrült unokatestvére azt mondta neki, hogy tegyen úgy, mintha beteg lenne, így szimpátiát kelthet a lányban.

Amnon hazudott az apjának, de felfedte valódi érzéseit őrült unokatestvére, Jónadáb előtt. Itt kezdődött a probléma. Ha Amnon egyszerűen elmondja az apjának a helyzetet, Dávid észhez téríti. Dávid emlékeztette volna arra, hogy ő a következő király, és hogy Isten gyönyörű királynőt tartogat a számára, és neki csak várnia kell, és tiszteletben kell tartania Isten törvényét. Ehelyett Amnon elmondta az érzéseit valakinek, aki támogatta őt az Istennel szembeni engedetlenségében. Az egyedülálló emberek, akik hibáznak a kapcsolatokban, általában ugyanazt teszik, amit Amnón is tett. Elrejtik az igazságot a szüleik és a lelkipásztoraik elől, és felfedik érzéseiket azoknak a barátaiknak, akikről tudják, hogy támogatni fogják őket. Az ilyen emberek nem igazi barátok. Jónadáb nem törődött Amnonnal, mert ha törődik vele, azt tanácsolja neki, hogy maradjon távol Támártól. A rossz barátok az ördög ügynökei, akik rossz döntésekre bátorítanak a kapcsolataidban. Ne felejtsd el, hogy egy *barát* volt az, aki Jézust a keresztre küldte. Vigyázz, hogy kivel osztod meg az érzéseidet! Ők vagy segíthetnek abban, hogy Isten elveihez igazodj, vagy bátoríthatják a buja szenvedélyeidet, amelyek végül eltávolítanak az igazi hivatásodtól.

Jónadáb hihetetlenül alattomos tanácsot adott: „Keltsd fel Támár szimpátiáját, és szigeteld el őt". Így működik a kéjvágy. Ha egyszer elkezdesz valakit hajtani, akihez nincs semmi közöd, a kéj elkezd okos ötleteket adni, hogyan juthatsz be a bugyijába. Amnonnak esze ágában sem volt feleségül venni Támárt, csak ágyba akarta vinni.

Amnonnak, a király fiának történetéből láthatjuk, hogy a kéjvágy:

Azt kívánja, ami tilos
Megbetegít
Arra késztet, hogy hazudj a mentoraidnak
Arra késztet, hogy rossz barátok előtt tárd fel a valódi érzéseidet
Elszigetelésre törekszik
Kikényszeríti a szexet
Nem tart sokáig

A vágy önző; a szeretet áldozatos.
A vágy az elszigeteltséget keresi; a szeretet a közösséget.
A vágy kényszeríti a szexet; a szerelem kezdeményezi a házasságot.
A vágy fáj; a szerelem gyógyít.
A vágy nem tartós; a szerelem az idő múlásával növekszik.
A vágyat megbüntetik; a szerelmet megjutalmazzák

Utána azonban Amnon nagyon nagy gyűlöletre gerjedt iránta, úgyhogy nagyobb volt a gyűlölet, amellyel gyűlölte, mint a szeretet, amellyel azelőtt szerette. Azt mondta azért neki Amnon: Kelj fel, és menj el innen!

2Sámuel 13:15.

A vágy nem tartós. Amnon a rögeszmés szerelemtől a dühöngő gyűlöletig jutott. Nézd meg, milyen gyorsan átváltozott Amnon „szerelme" gyűlötté. A szerelem nem tesz ilyet, csak a kéjvágy. Megkapta, amit abban a pillanatban akart, de nem akarta azt, amit később kapott. Így jár mindenki, aki elhagyja Isten elveit, és szenvedélyei hajszolásában feladja a tisztaságot.

Ha egyszer eltávolodsz Isten elveitől, és olyanokkal kezdesz el randizni, akik nem osztoznak a hitedben, nem leszel képes tisztaságban járni. A tisztaság csak Isten elveinek határain belül érhető el. Ne hagyd, hogy a szenvedélyed diktálja a cselekedeteidet. Ha Isten megtilt valamit, az nem azért van, mert el akarja rontani a mulatságodat. Isten arra törekszik, hogy eltávolítsa belőled a vágyat és megvédje a sorsodat. A tisztaságod megvéd téged és megvédi a másik embert.

Kötelezd el magad Isten társkeresési elvei mellett, nehogy a szenvedélyed rabjává válj. Ne randizz majmokkal! Várd ki az Isten által elrendelt időt. Ha belezúgtál valakibe, aki nem követi Jézust, beszéld meg az érzéseidet olyan emberrel, aki segíthet túllépni rajtuk. Ne hagyd, hogy egy pillanatnyi érzelmi felgerjedés összetörje a sorsodat.[10]

A következő fejezetben hat tényezőt fogunk megvizsgálni, amelyeket figyelembe kell venned, amikor eldöntöd, hogy randizol-e valakivel.

---

10 Lefordíthatatlan szójáték. Az eredeti szövegben a „crush" szó szerepel, ami jelentheti valaminek az összezúzását, de szleng kifejezésként belezúg, belehabarodik, beleesik valakibe.

5. Találd meg a cipődet

Az egyik szellemi gyakorlatom és örömöm a reggeli ima, amit egyesek „elcsendesedésnek" neveznek. Igyekszem minden reggel időt tölteni az Úrral, és a hét egy napján megpróbálom az egész munkanapot csak Istennel tölteni. Számomra ez a nap a szerda. Ezt a szokást még középiskolás koromban sajátítottam el. Nem voltam benne olyan következetes, mint szerettem volna, de nemrég újra elkezdtem. Azok közé tartozom, akik imádság közben szeretnek járkálni, nem csak ülni vagy térdelni. Olvastam a Bibliában, hogy Énókh Istennel *járt.* Más emberek is *sétáltak* Jézussal. Szóval én fel-alá szoktam járkálni. Ráadásul ez segít nekem koncentrálni és ébren maradni.

Emlékszem, nem is olyan régen, amikor a gyülekezetünkben böjt volt, a szívemben elhatároztam, hogy azon a szerdán tizenkét órát töltök a templom szentélyében, és ezalatt csak dicsérem az Urat, olvasom a Szentírást és imádkozom. Annak a napnak a nagy részét azzal töltöttem, hogy az oltár előtt oda-vissza járkáltam, és csak Istennel beszélgettem. Ez hatalmas felüdülés volt a lelkemnek. A szellemem megújult, de a lábam borzasztóan megfájdult, mert nem a megfelelő cipőt viseltem. A szép cipőmet vettem fel, ami nem volt kényelmes a hosszabb sétákhoz. Annyira kellemetlen volt, hogy végül levettem a cipőmet, és egy ideig mezítláb sétáltam. Ettől különleges spirituális érzésem is támadt, hiszen Isten sok embernek mondta, hogy vegyék le a cipőjüket, mert szent földön járnak. Én azonban betonon járkáltam, ami nem volt szent, és túl kemény volt ahhoz, hogy mezítláb járjak rajta. Végül vissza kellett vennem a cipőmet. Amikor este hazaértem, legszívesebben az egész lábamat levettem volna, hogy betegyem a fagyasztóba, mert annyira fájt, pedig a szívem annyira áldott volt.

Azóta minden héten, amikor megtervezem az Úrral eltöltendő napomat, legalább annyit törődöm a cipőmmel, mint a szellememmel. Azok, akik edzenek vagy futnak tudják, milyen fontos, hogy jó legyen a cipőjük. Nem lehet alkalmi cipőben edzeni vagy futni. A nők tudják, milyen fájdalmas lehet hosszabb időn keresztül magas sarkú cipőt viselni. Vannak cipők, amelyek arra szolgálnak, hogy jól nézzenek ki, és vannak olyanok, amelyeket hosszú távú sétákon célszerű viselni. A jó cipő nemcsak a távolság leküzdésében segít, hanem élvezetessé is teszi az utat. Amikor a tékozló fiú hazatért, az egyik első dolog, amit az apja adott neki, egy pár új cipő volt. Abban az időben csak a szabad emberek viselhettek cipőt, a rabszolgáknak mezítláb kellett járniuk. A cipő a fiúi minőség jele volt. Pál az Efézusi levélben azt írja, hogy a megfelelő lábbeli a szellemi fegyverzetünk része. Nem mindegy, milyen cipőt viselünk, ha nagy távolságot akarunk fájdalom nélkül gyalog megtenni.

* * * *

Cipők és házastársak

Amint már említettem, Isten arra hív minket, hogy szeretetben járjunk, ne csak szerelembe essünk. A szerelem útja meglehetősen hosszú: „míg a halál el nem választ" – így szól a fogadalom szövege. A házasság nem sprint, hanem maraton. Jó cipőre van szükséged. Néhány ember szerelmi útja azért nem lesz tartós, mert nincs jó cipője. Hogy mire gondolok? Abbahagyják a kapcsolatukat, mert annyira fáj a lábuk (a szívük), hogy nem tudják folytatni. Szeretném, ha megtanulnád, hogyan találhatod meg a megfelelő cipőt a szerelmi utazáshoz. A házastárs megtalálása olyan, mint a jó cipő megtalálása. Ha találsz egy pár jó cipőt, az utazásod élvezetes lesz. Nézzünk néhány összehasonlítást a cipők és a házastársak között.

Mindkettőnek jó minőségűnek kell lennie. Nem elég, ha csak jól néznek ki. Többre van szükséged, mint mutatós cipőre, ha hosszú távot tervezel megtenni. Ha nem akarod, hogy a hosszú út megtétele után fájjon a lábad, akkor a cipőnek kényelmesnek kell lennie, nem csak jól kell kinéznie. Házastársunk szempontjából a belső tartalom fontosabb, mint a külső megjelenés. *„A jó ember az ő jó szívének kincstárából hozza elő a jókat"* (Máté 12:35.). Az embert a szíve határozza meg. Mindenkiből az jön ki, amivel a szíve tele van. A jó megjelenés nem elegendő ahhoz, hogy valakit hosszú távon megtartson. Ezért keresett Isten derék királyt, akit Dávidban meg is talált. Ezért az ő királysága tartós volt. Saul királysága nem tartott sokáig, mert nem volt kellően karakán. Kezdetben úgy tűnhet, hogy a randizás csak a külsőségekről és az érzésekről szól, de hosszú távon a szív határoz meg mindent.

Össze kell illeniük – azaz egy cipő a bal lábra és egy cipő a jobb lábra. Minden embernek szüksége van egy jobb és egy bal cipőre. Ez a nemek közötti kompatibilitásról szól. A férfinak nőre van szüksége, a nőnek pedig férfira ugyanúgy, ahogy a jobb cipőhöz bal cipőre is szükség van. Két bal cipő vagy két jobb cipő nagyon megnehezíti a járást. Isten nem így tervezte a lábunkat. Ugyanez vonatkozik a kapcsolatokra is. Isten Ádámot és Évát teremtette, nem pedig Ádámot és Steve-et. A homoszexualitás olyan, mint két bal cipőt viselni – próbálj meg mindkét lábadon bal cipőt viselni a következő héten, aztán meséld el, milyen érzés volt? A józan ész azt mondja, hogy egy bal és egy jobb cipőt kell viselnünk, mert az illik a lábunkra. Sajnos a józan ész már nem általános a mai kultúránkban. Ha homoszexuális hajlamokkal küzdesz, Jézusban van segítség a számodra. Ne hagyd, hogy a problémád az identitásoddá váljon.

Megfelelő méretűeknek kell lenniük. A cipőknek nemcsak passzolniuk kell, hanem illeszkedniük is. Nem lehet egy kaptafára cipőt készíteni mindenkinek. Lehetséges, hogy valakivel látszólag jó párost alkottok, mégsem illetek össze. Nem hiszem, hogy csak egyetlen ember létezne a világon, aki illik hozzád, ahogyan azt sem hiszem, hogy csak egy pár cipő van az egész univerzumban, ami illik a lábadra. Jézus minden ellenkező nemű követője potenciális társ. Az igazi kérdés az, hogy illik-e az életedhez és a feladatodhoz. Hogyan állapíthatod meg, hogy valaki illik-e hozzád vagy sem? Ezt a témát ebben a fejezetben még részletesebben is megtárgyaljuk. Azt viszont szeretném kiemelni, hogy a baráti kapcsolat sokkal jobban elősegíti a másik ember megismerését, mintha rögtön randiznál vele. A legtöbb ember a legszebb arcát mutatja, amikor tudja, hogy valaki kedveli őt. Amint elkezdesz valakivel randizni, attól kezdve általában a saját érzéseiden keresztül látod a másikat, és nem annyira a tényeken keresztül. A barátok azonban sokkal alaposabban megismerhetik egymást, mert nem vesznek fel álarcot.

Vidd a pénztárhoz. Ha jó minőségű cipőt találsz, ame-
lyik passzol és a mérete is megfelelő, akkor általában
visszateszed a dobozba és odamégy a pénztárhoz,
hogy kifizesd. Ugye? Nem lehet egyszerűen felhúzni
és kisétálni a bolt-
ból. Ezt lopásnak
hívják. Az igaz sze-
relem az oltárhoz
vezet, nem pedig a
Honda hátsó ülé-
sére. Amit a mi generációnk szeretetnek nevez, azt
Isten lopásnak látja. Elveszel valamit a másik ember-
től, ami nem a tiéd. Időnként a fiúk azt mondhatják
egy lánynak: „ha szeretnél, akkor szexelnél velem".
Én arra bátorítom a hölgyeket, hogy mondják ezt az
úriembernek: „ha szeretsz, akkor menj el dolgozni,
vegyél nekem egy szép gyűrűt, ereszkedj előttem
féltérdre, és vezess be a templomba, hogy Isten és a
család előtt összeházasodjunk". A vágy óvszert húz,
a szerelem gyűrűt. Hagyd, hogy ez a gondolat áti-
tasson téged. A házasság előtti szex ugyanolyan
helytelen, mintha fizetés nélkül kisétálnánk a boltból
az új cipőben. Tedd vissza a kapcsolatot a dobozba!
Ez azt jelenti, hogy állapodjatok meg a házasság
kérdésében, aztán készüljetek fel az esküvőre. Miután
összeházasodtok, akkor már kinyithatjátok azt a
dobozt, és viselhetitek azokat a cipőket Isten
dicsőségére!

> Az igaz szerelem az
> oltárhoz vezet, nem pedig
> a Honda hátsó ülésére.

Itt egy másik vicces kijelentés, amit sok embertől hallok: „mit számít, ha szexelek a jegyesemmel, hiszen ő lesz a házastársam, és hamarosan úgyis összeházasodunk?". Hát, még nem vagy házas! És ez nagy különbség. Képzeld el a következőt: van egy kandallód a házadban, fát teszel a tűzre, és az melegen tartja a házat. De ha ugyanazt a fát kiveszed a kandallóból, leteszed a nappali közepére, tíz méternyire a kandallótól és meggyújtod, hát az aztán alaposan átforrósítja a házadat. Sőt, annyira felforrósodik és elszabadul, hogy ki kell vonulnia a tűzoltóságnak. Te sosem tennél ilyet, ugye? Miért? Én még a kandallótól három méternyire sem raknék tüzet. Hiába van közel a kandallóhoz, de a korlátozások nélküli tűz fel fogja gyújtani a házadat. Gondolj csak bele. Ez ugyanaz a tűz, ugyanabban a házban, de ha a nappali kellős közepén gyújtasz tüzet, akkor megsemmisül a házad,

> A szex a házasságon belül olyan, mint a kandallóban égő tűz: melegen tartja a házasságot.

a kandallóban lobogó tűz viszont felmelegíti a házat. A szex a házasságon belül olyan, mint a kandallóban égő tűz: melegen tartja a házasságot. A házasságon kívüli szex kárhoztatással és bűntudattal jár. Megszakítja az Istennel való intimitást, szívfájdalmat okoz, sőt betegséget és démonizáltságot is előidézhet. Egyszerűen fogalmazva: a házasság előtti szex bűn.

Javíttasd meg ne vidd vissza. Most már megvan a meg-
felelő pár cipő, amelyet már kifizettél és amely
kényelmes viseletet biztosít. Egy nap észreveszed,
hogy a cipő talpa kezd megkopni, vagy talán már ki
is lyukadt. A legtöbben egyszerűen kidobják ezeket
a cipőket és újat vesznek. De vannak olyan cipők,
amelyek annyira értékesek, hogy nem lehet csak úgy
kidobni őket. Ilyenkor az ember keres egy cipészt,
aki meg tudja foltozni a cipője talpát. Így működnek
az Isten szerinti kapcsolatok. Keresztényként, amikor
a kapcsolatod buk-
dácsolni kezd, nem
a tárgyalóterembe,
hanem Isten trón-
termébe lépsz be.
Segítséget kere-
sünk, nem újabb modellre frissítünk. Mindig lehet
új házasságot kötni ugyanazzal a házastárssal. Nincs
szükséged új házastársra ahhoz, hogy új házasságod
legyen, csak új hozzáállás és némi segítség kell. A
válás ritkán jelent megoldást, még azokban az ese-
tekben is, amikor bibliai szempontból megengedett.
Ha a fürdőszobában kiég az izzólámpa, nem adod
el a házat, hanem kicseréled azt a nyavalyás villany-
körtét. Ha a házasságodban problémák merülnek
fel, megoldást keress, ne válást. Nézz szét, hol kap-
hatnátok segítséget és hasznos tanácsokat. Vigyétek
a kapcsolatotokat a házassági javítóműhelybe, ne a
válóperes bíróságra rohanjatok.

> Ha a fürdőszobában kiég
> az izzólámpa, nem adod el
> a házat, hanem kicseréled a
> villanykörtét.

* * * *

Legfontosabb jellemzők

És az Úristen így szólt: Nem jó az embernek egyedül lennie. Szerzek neki hozzá hasonló segítőt... Ádám tehát nevet adott minden jószágnak, az ég madarainak és a mező minden állatának. Ádám számára azonban nem találtak hozzáillő segítőt.

1Mózes 2:18, 20.

Figyeljük meg, hogy a Biblia a „*hozzáillő*" szót használja. Ez szó szerint azt jelenti, hogy az egyik olyan, mint a másik. A „hozzáillő" szó szinonimája a „hasonló". Az eredeti héber szó azt jelenti, hogy „neki megfelelő", vagy „vele megegyező". Az, hogy Éva megfelelt Ádámnak, nem csak azt jelentette, hogy Ádám férfi volt, Éva pedig nő, hanem a megbízatásához is illeszkedett. Mint az a kulcs, amely tökéletesen illik a zárba, amely halk kattanással nyílik és záródik, úgy Isten a romantikus kapcsolatot is tökéletes illeszkedésre és működésre szánta. Ez volt az egyetlen tulajdonság, amit Ádám keresett a házastársában. A kompatibilitás tesztjének kellett eldöntenie, kivel fogja bensőségesen leélni életének hátralévő részét. Ma is ez a tulajdonság a meghatározó az Isten szerint való kapcsolatok esetében.

> A kompatibilitás az, amikor illeszkedünk fizikailag, szellemileg és érzelmileg.

Szeretnék bemutatni hat tényezőt és hat intő jelet, amelyeket figyelembe kell vennünk, amikor a kompatibilitás kérdésével foglalkozunk.

* * *

1. Az idő-tényező

Intő jel: Amikor készen állsz a randizásra, de még nem állsz készen a házasságra.

Az idő-tényező azt vizsgálja, hogy eljött-e a párkapcsolat ideje az adott ember számára. Az időzítés a legfontosabb. Ha leszeded az almát, mielőtt megérne, savanyú lesz. Ugyanaz az alma néhány hónappal később édessé válik. Az időzítés meghatározó jelentőségű szempont.

Valahányszor megkérdezik tőlem, hogy eljött-e a megfelelő idő a randizás megkezdéséhez, a válaszom általában ugyanaz. Ha a házasság most nem opció a számodra, akkor a randizás sem az. Tisztázzuk: ha úgy gondolod, hogy mostantól számítva egy év múlva állsz majd készen a házasságra, akkor még nem jött el a randevúzás ideje. Ha egyszer készen állsz a házasságra, akkor állsz majd készen a randizásra. Ellenkező esetben a randizás paráznasághoz vezet. Néhányan így gondolkodnak: „nem állok készen a házasságra, de randizni akarok,

> Akkor állsz készen a randizásra, amikor készen állsz a házasságra.

mert magányosnak érzem magam". Ne használd ki a másik ember szívét a benned lévő űr kitöltésére. Ha magányos vagy, szerezz magadnak kutyát, válassz valamilyen hobbit, csatlakozz egy kiscsoporthoz, járj edzőterembe, alakíts ki imaéletet, szerezz magadnak barátokat, de nyomatékosan kérlek: ne keverj bele senki mást a saját érzelmi problémáidba. A randizás nem célja nem a szórakozás, hanem a házasság.

És hadd adjak még egy jó tanácsot. Nagyon ajánlom, hogy ne kezdj el randizni, amíg nem vagy túl az exeden. Ha volt egy kapcsolatod, amely nem működött, akkor mindenképpen le kell zárnod azt a kapcsolatot, ráadásul a másik fél megbántása nélkül. A lovat öld meg, ne a lovast. A szakítást általában zavarodottsággal, sérelmekkel, sőt fájdalommal teli időszak követi.

Nagy lehet a kísértés, hogy gyorsan fejest ugorj egy másik kapcsolatba, ragtapaszként az előző kapcsolatodból származó sérelmekre. Ez a hiba káros lehet a jövődre nézve. Azt javaslom, hogy a szakítás után várj 8-12 hónapot, mielőtt újra randizni kezdenél. Ezt az időt ki kell használni elgondolkodásra, tanácsadás igénybevételére, esetleg szabadulásra és belső gyógyulásra. A kapcsolat vége nem jelenti azt, hogy túl is vagyunk rajta. Ha a hegedű

> Csak azért, mert a kapcsolatnak vége, még nem jelenti azt, hogy túl vagy rajta.

elhallgat, az nem jelenti automatikusan azt, hogy leváltak róla a húrok.

* * *

2. A Krisztus-tényező

Intő jel: az személy, akit kedvelsz, hisz Istenben, de nem követi Krisztust.

Ha úgy találod, hogy eljött az idő egy kapcsolatra, akkor meg kell nézned a kompatibilitás második legfontosabb kérdését: a Krisztus-tényezőt. Ez mind a te életedre, mind annak a személynek az életére vonatkozik, aki iránt érdeklődsz.

A feleséget a törvény köti mindaddig, amíg a férje él; de ha a férje meghal, akkor szabadon összeházasodhat bárkivel, akivel akar, de csak az Úrban.

1Korinthus 7:39.

Szabadon összeházasodhatsz bárkivel, akivel akarsz, *de csak az Úrban.* Isten világossá tette, hogy a két félnek összeillőnek kell lennie a Krisztus-tényezőben, ami azt jelenti, hogy ha Krisztusban vagy, akkor azzal köthetsz házasságot, akivel csak akarsz, feltéve hogy az a személy is Krisztusban van.

Pál nem azt mondta az embereknek, hogy azzal házasodnak össze, akivel akarnak, feltéve hogy hisznek Istenben. A muszlimok hisznek Istenben. A mormonok hisznek Istenben. A démonok is hisznek

Istenben, sőt rettegnek a nevétől, de ettől még a pokolra jutnak. A hit nem elég a házassághoz, Jézust kell követnünk. Az a személy, akivel randizni szeretnél, az Úrral jár? Megtért? Volt már vízkeresztsége? Jár gyülekezetbe és végez valamilyen szolgálatot? Tagja egy kiscsoportnak? Fizet tizedet? Van-e virágzó kapcsolata Jézussal? Ezeket a kérdéseket mind fel kell tenned magadnak, mielőtt belevágsz egy kapcsolatba valakivel.

Önmagában az a tény, hogy valaki a republikánusokra szavaz, még nem jelenti azt, hogy az Úrban van. Katolikusnak lenni nem elég. Ha valaki minden másnap elmegy a gyülekezetbe: karácsony másnap, meg húsvét másnap, az édeskevés.[11] Az Úrban kell élnie. És ne elégedj meg azzal az ígérettel, hogy az Úrral fog járni, majd ha egyszer összeházasodtok. Ez egy homályos és üres ígéret. Azt is jelenti, hogy az illető valójában nem gondolja komolyan Istent, és csak a látszat kedvéért teszi, nem pedig azért, mert valóban szereti az Urat. Istent kell szolgálnia, mielőtt találkozol vele. Ez az egyik szempontpont, amit nagyon világossá akarok tenni.

Arra is bátorítom az embereket, hogy a saját hitbeli meggyőződésükhöz tartozókkal randizzanak. Ez azt jelenti, hogy ha hithű baptista vagy, akkor olyanok

---

11 A fordító megjegyzése: lefordíthatatlan szójáték. A CEO a részvénytársaságok elnök-vezérigazgatójára vonatkozik, a „Christmas & Easter Only" keresztény azokra utal, akik csak a nagy ünnepeken mennek el a templomba.

között keresgélj, akik szintén baptisták az Úrban.
Ha pünkösdi vagy, bölcs dolog az Úrral járó pün-
kösdieket keresni.

Semmi szükség nincs arra, hogy a házasságotokat
az eleve elrendelésről és a nyelveken szólásról foly-
tatott vitákkal töltsétek. A házasságotoknak enélkül
is meglesznek a maga nehézségei, így nincs szükség
arra, hogy doktrinális vitákkal terheljétek.

Az az egyik fő oka annak, amiért Isten azt akarja,
hogy a házasságban közös hiten osztozzunk, hogy
ez szellemi szinten egyesít minket – ami a lehető
legmélyebb intimitás. Ráadásul mindkettőtöknek
ugyanaz lesz a forrása, ahová futhattok, ha problémák
merülnek fel. Isten házasságpárti: ő mindig arra fogja
vezetni mindkét felet, hogy jobb házastárssá váljon.

Végezetül, erősen bátorítalak arra, hogy ne légy
szuperszellemi, hanem inkább legyél szuper odaadó
Jézus iránt. Legyél olyan valaki, aki teljesen átadta
magát Istennek, mégis könnyű vele együtt élni. Jézus
teljesen átadta magát Istennek, az Atyának szentelte
az egész életét, mégis ő volt a legszerethetőbb ember
a Földön. Nem próbálta összezavarni az embereket
szuperszellemi kér-
désekkel, inkább
olyan nyelven
beszélt, amit meg-
értettek, és olyan
hasonlatokat

> A keresztény házasság titka
> nem a megfelelő ember
> megtalálásában, hanem
> abban rejlik, hogy megfelelő
> embernek kell lenned.

használt, amelyek megfeleltek a hétköznapi tapasztalataiknak. Légy pontosan olyan ember, mint akivel szeretnél házasságra lépni, mert akkor magadhoz hasonló embereket fogsz magadhoz vonzani.

* * *

3. A karakter-tényező

Intő jel: Amikor jársz valakivel, és abban reménykedsz, hogy Isten majd megváltoztatja őt.

Ha az időzítés és a hit kérdését már tisztáztad, akkor el kell gondolkodnod a jellem kérdésén. Ez az ember belső életéről szól. Ez az a részed, amit csak te ismersz, mások nem. Sokan a hírnevük alapján alkotnak véleményt másokról, nem pedig a jellemük alapján.

A hírnév az, amit mások gondolnak rólad, a jellem az, aki valójában vagy.
A hírnév egy pillanat alatt alakul ki, a jellem egy életen át épül.
A hírnév a fényképed, a karakter az arcod.
A hírnév gazdaggá vagy szegénnyé, a jellem boldoggá vagy nyomorulttá tehet.
A hírnév az, amit az emberek a sírkövedre írnak, a jellem az, amit az angyalok mondanak rólad Isten trónja előtt.
A hírnév az, amivel akkor rendelkezel, amikor belépsz egy új közösségbe, a karakter az, amivel akkor rendelkezel, amikor elhagyod azt.

A jellem az, ahogyan az emberekkel bánunk, külö-
nösen azokkal, akikre nincs szükségünk. Fiúk:
figyeljetek arra,
hogy beszél a lány
az apjával és a
fiútestvéreivel,
mert nem sokkal az
esküvő után veled is hasonlóan fog beszélni. Lányok:
figyeljetek arra, hogy az a srác, aki tetszik nektek,
hogy bánik a lánytestvéreivel és az anyjával, mert
nem sokkal az esküvő után veled is így fog viselkedni.
A jellem az, ahogyan akkor reagálsz, amikor a büsz-
keséged sérül – ahogyan akkor reagálsz, amikor az
események nem úgy alakulnak, ahogyan szeretnéd.

> A jellem az, ahogyan akkor reagálsz, amikor a büszkeséged sérül.

Soha ne randizz valakivel abban a reményben, hogy
a házasság majd rendbe hozza. A férfiak abban a
reményben vesz-
nek feleségül
nőket, hogy soha
nem fognak meg-
változni, de mégis
megváltoznak, a nők pedig abban a reményben
mennek férjhez férfiakhoz, hogy megváltoznak, de
soha nem fognak megváltozni. Mindannyian fejlő-
dünk és változunk, de ha komoly problémák vannak,
mint a bántalmazás, a düh, a függőség vagy az erő-
szak, ezek a problémák nem tűnnek el attól, hogy
aláírja az anyakönyvet. Ne köss ki olyan ember
mellett, akiről azt reméled, hogy Isten majd meg

> Ne hagyd, hogy a kapcsolatod a másik ember rehabilitációja legyen.

fogja változtatni. Várd meg, amíg Isten megváltoztatja, és csak utána lépj vele házasságra. Ne szeress bele az emberek lehetőségeibe és jövőbeli álmaiba, inkább arra figyelj, hogy most mit csinálnak és most kik ők. A házasság nem szünteti meg, inkább csak felnagyítja a problémákat.

Mielőtt randizni kezdenél valakivel, figyeld meg az érintett személy jellemét. De még ennél is jobban figyelj a sajátodra. Könnyű felvetni elvárásokat valaki más jellemével kapcsolatban, és teljesen elhanyagolni a sajátodat. Ha őszinte, nagylelkű, kedves, türelmes, becsületes embert szeretnél, akkor a kulcs az, hogy még ma kezdj el ilyen emberré válni. Isten nem akarja, hogy a házasságod olyan legyen, mint Jákóbé. Ráhellel bújt ágyba, de Leával ébredt fel. Azt hitte, hogy Ráhelt veszi feleségül, de kiderült, hogy egy másik lányt kapott. Sok házasság ilyen. Az emberek úgy lépnek be a házasságba, hogy valamire számítanak, de aztán valami teljesen mást kapnak. Az esküvő után a párjuk elkezdi kimutatni a foga fehérét, és ők rájönnek, hogy nem Ráhelt vették feleségül, hanem Leát. Jákóbot az apósa keményen rászedte ezzel a házassággal, mert Jákób maga is szélhámos volt. Ha el akarod kerülni azt a csalódást, hogy végül egy Lea legyen a házastársad, miközben Ráhelre számítasz,

> A szerelem olyan, mint egy hosszú, édes álom. A házasság olyan, mint az ébresztőóra

akkor kezdd azzal, hogy a saját jellemedet átadod az Úrnak. Dolgozz a saját problémáidon a Szent Szellemmel együttműködve. Hadd kérdezzem meg: ha olyannak ismernéd magad, amilyen valóban vagy, házasságra lépnél-e önmagaddal? Ha a válasz nem, akkor miért engednéd meg valaki másnak, hogy házasságot kössön veled? Fogj neki a munkának, és a Szent Szellem segítségével korrigáld a saját jellemedet. Ne hibáztasd a körülményeidet a jellemhibáidért. Ez ostobaság. Olyan, mintha a tükröt hibáztatnád a rossz frizurádért. Kezdj el felelősséget vállalni a tetteidért és a hibáidért. Amikor problémákba ütközöl, tanulj meg helyesen válaszolni Istennek, ne az élet kihívásaira próbálj reagálni.

* * *

4. A lelkiismereti tényező

Intő jel: Amikor a zsigereid azt súgják, hogy „ez nem helyes".

Ha nyugtalanságot érzel egy kapcsolat miatt, akkor ÁLLJ MEG és TŰNŐDJ EL, mielőtt belevágsz. Az a békesség, vagy annak hiánya, amelyet ilyenkor érzel, gyakran Isten védelme. Ne hágd át az intuíciódat.

Az ember szelleme az Úrtól kapott lámpás, amely teljesen átkutatja szívének belső mélységeit.

Példabeszédek 20:27.

Szellemed a Szent Szellem kapcsolattartási pontja. Tanuld meg felismerni az Úr hangját a szívedben.

Fontos, hogy a szellemed kapcsolatban legyen Isten Szellemével. A Biblia azt mondja, hogy ne hallgassunk a szívünkre, mert csalárd. De amikor a szellemünk újjászületik és aláveti magát Istennek, akkor

> Figyelj oda, ha feszültséget érzel a szívedben.

eszközzé válik Isten kezében, amellyel vezethet bennünket. Isten csak nagyon ritkán szól hallható hangon a romantikus kapcsolatokról, inkább csendes, halk hangon beszél hozzánk, hogy vezessen és védelmezzen minket. Figyelj oda. Ne tégy semmit, amíg nem kapod meg ezt a fajta békességet.

Ahogy a bevezetőben említettem, amikor megismertem Lanát, az első randink inkább kihallgatásra hasonlított, nem igazán ismerkedés volt. A múltjáról kérdeztem, és beszéltam neki a sajátomról. A jövőbeli terveiről és álmairól is érdeklődtem. Lana, bár az apja lelkész, tizenéves korának nagy részében nem követte Jézust. Világi életet élt, amihez hozzátartozott az ivás, a drogok és a szex. Négy évvel a találkozásunk előtt született újjá. Miután megemlítette a múltját, kiakadtam. Valójában másnap szakítottam vele. Én még nem feküdtem le senkivel, de szellemi értelemben én sem voltam érintetlen, mert tinédzserként pornófüggőként éltem. Úgy éreztem, hogy „megérdemlek" egy szűz lányt, és nem tudnék együtt élni olyan valakivel, aki már szexelt valaki mással. Közvetlenül szilveszter előtt szakítottam Lanával. A gyülekezetünk januárban történetesen huszonegy napos böjtöt tartott. A böjt alatt Isten arra vezetett, hogy a megtakarításaim nagy részét elajándékozzam. A böjt után valami furcsa oknál fogva elkezdtem békességet érezni azzal a lánnyal kapcsolatban, akivel éppen szakítottam, és az iránta tapasztalt érzéseim megerősödtek. Felkerestem őt, és megkértem, hogy kezdjünk újra találkozgatni. Először habozott, de aztán észrevette, hogy változás állt be bennem a múltjával kapcsolatban.

Nem hallottam Isten hallható hangját, nem volt prófétai álmom vagy próféciám róla, de békességem volt vele kapcsolatban. Ígéretet tettem neki, hogy soha semmilyen vitában nem hozom fel a múltját, és nem is emlékeztetem a régi időkre. Isten kegyelméből a mai napig megtartottam az ígéretemet. Lana megmutatta nekem, hogyan kell jobban szeretni az embereket. Az a tény, hogy valaki elveszítette a szüzességét, még nem jelenti azt, hogy most már másodrangú. Ugyanez vonatkozik bárkire, aki a múltban pornófüggő volt, önmagában az, hogy volt ilyen problémája, nem jelenti azt, hogy ne várhatná el Isten színtiszta jóindulatát az életében. Még mindig megkaphatod Isten áldásainak a legjavát, mert ő irgalmas és kegyelmes.

Én békességet éreztem Lanával kapcsolatban, de lehetséges, hogy te most olyan kapcsolatban vagy, amelyben valamilyen ok miatt inkább nyugtalanságot érzel. Én arra bátorítanálak, hogy ne szaladj neki fejjel a falnak.

* * *

5. A mentor-tényező

Intő jel: Amikor a mentorok nem támogatják azt a kapcsolatot.

A coach szó a lóvontatású hintókból származik. Eredetileg királyi személyek szállítására használták ezeket a járműveket, de idővel értéktárgyakat, postát és átlagos utasokat is szállítottak. A „coach" olyan valami vagy valaki, aki egy értékes személyt eljuttat az egyik helyről a másikra. A mento-

> A mentorok megtanítanak nekünk valamit, mielőtt megégetnénk magunkat. A hibákból pedig azt követően tanulunk, miután megégettük magunkat.

rok, vagy spirituális vezetők ezek a hintók. Ők visznek el minket a jelenlegi tartózkodási helyünkről oda, ahová mennünk kell. Az emberek általában mentoroktól vagy a saját hibáikból tanulnak. Sajnos sokan még a hibáikból sem tanulnak. Ha nem hallgatunk a mentorokra, akkor a saját hibáinkból kell tanulnunk.

A Példabeszédek 11:14-ben ez áll: *„Ahol nincs tanács, ott elbukik a nép, de a tanácsadók sokasága biztonságot kínál".* A párkapcsolatok kérdésében feltétlenül hallgatnunk kell mentorainkra. A mentorok lehetnek a szüleid, a lelkipásztorod vagy a kiscsoport vezetője. Ha a mentoraid nem támogatják azt a kapcsolatot, akkor valószínűleg nem jó ötlet. A mentorok látják a tényeket, míg te az érzelmeid felhőjén keresztül látod a helyzetet. Bár a te döntésed, hogy kivel lépsz házasságra, nem a szüleidé vagy a lelkipásztorodé, mégis bölcs dolog igénybe venni az ő bölcsességüket ehhez a döntéshez.

Mindig kikértem a lelkészem és a szüleim tanácsát. A lelkipásztorom az elhívásom alapján szellemileg megalapozottabb tanácsokat tudott nekem adni. Tudtam, hogy törődik velem és földi megbízatásommal. A szüleim viszont azon az alapon adtak tanácsot, amit születésem óta tudtak rólam. Mielőtt találkoztam volna Lanával, először beszéltem a lelkészemmel és megkértem, hogy hívja fel Lana lelkészét, hogy megtudja, ki ő. Tudom, hogy ez régimódinak tűnhet, de nagyobb biztonságban vagy, ha részt vesznek ebben a döntésben olyan emberek, akikben megbízol. Találkoztam Lana ifjúsági lelkészével is, és további kérdéseket tettem fel neki róla. A lelkészeknek más a nézőpontjuk, mint neked. A szüleimet is bevontam ebbe a fontos kérdésbe. Bár ez a te döntésed, és nem a szüleidé vagy a lelkipásztoroké, mégis bölcsen teszed, ha kikéred a véleményüket és a nézőpontjukat, mert ha nehézségeid támadnak ebben a kapcsolatban, akkor vajon kihez fogsz futni? A szüleidhez és a lelkészedhez. Vajon mennyi rossz kapcsolatot lehetett volna elkerülni, ha az embereknek lenne bátorságuk meghallgatni a mentorokat, és nem csak az érzéseikre hagyatkoznának?

Lelkipásztorként sok embert láttam már, aki szívfájdalmakon ment keresztül a randevúzás és a házasság során. Sok ilyen probléma elkerülhető lett volna, ha az emberek nem hagyják figyelmen kívül a mentori tényezőt. Amikor szerelmes vagy, azt hiszed, hogy senki sem látja azt, amit te látsz. A rajongás összezavarja a látásodat.

Ha már eldöntötted, hogy randizol-e valakivel, vagy sem, akkor azt tanácsolom, hogy ne menj a mentoraidhoz tanácsot kérni.

Légy őszinte és ne játszadozz másokkal. Ha olyasvalakivel randizol, akiről tudod,

> Engedd, hogy a mentoraid megállítsanak, mielőtt az érzéseid tönkretesznek.

hogy a mentoraid nem helyeselnék, mert már tudod, hogy ez helytelen, de mégis randizni akarsz vele, akkor spórold meg magadnak a konfrontációt, és csak tedd meg. Mi? Vlad lelkész tényleg ezt mondja? Igen, így van. Ez a te döntésed. Azt csinálsz, amit akarsz, és a mentorok nem fognak megállítani. Még Isten sem fog megállítani abban, hogy a pokolba kerülj, ha úgy döntesz, hogy oda akarsz menni. De arra kérlek, hogy ne azt az utat válaszd. Tiszteld a saját szívedet és jövődet, ne légy makacs és ne tedd tönkre az életed. Engedd, hogy a mentoraid megállítsanak, mielőtt az érzéseid tönkretesznek.

A bátyámnak volt egy April nevű német juhászkutyája. Amikor bezártuk a bekerített hátsó udvarunkba, mindig nagyon szeretett volna kijutni. Forgalmas utcában lakom, ahol az autók mindig gyorsan hajtanak. Az utca túloldalán volt egy másik bekerített udvar kutyákkal. Egyszer April kiszabadult a hátsó kertemből, és mint a golyó, rohant át az utca túloldalára, hogy megugassa a másik oldalon lévő kutyákat. Az érdekes az volt, hogy az úton jöttek-mentek az autók, és ő nem látta ezeket és egyáltalán nem is törődött velük. Csak egy dolog járt a fejében: mindenáron oda akart jutni a másik kerítés mögötti kutyákhoz. Sok autósnak kellett hangosan tülkölve beletaposnia a fékbe, de ő még csak a fejét sem fordította el, hogy megnézze, mit akarnak tőle, hanem csak futott tovább. Sok szerelmes embert látok, akik ugyanígy viselkednek.

A szerelem csőlátóvá tesz, nem látsz mást, csak a rajongásodat. Isten arra használja a mentorokat, hogy „belénk tülköljenek" egy kis józan értelmet, ha rossz irányba futunk.

* * *

6. Kémiai tényező

Intő jel: Randizás valakivel minden
vonzalom nélkül.

A kémia ebben az esetben a fizikai vonzalomra vagy rajongásra utal. Tudom, említettem, hogy nem szabad a rajongást a döntéshozatal alapjául használni. Bár nagyon is hiszem, hogy nem a fizikai vonzalom a legfontosabb, mégis megvan a helye a randizásban és a házasságban. A legtöbb ember számára ez a rész könnyű. Elvégre ki házasodna össze olyasvalakivel, akit nem kedvel?

Egyszer volt egy olyan helyzet, amikor a gyülekezetünkben egy srácnak tetszett az egyik lány. Elkezdtek SMS-ezni, és a szöveges üzeneteken keresztül egymásba szerettek. Amikor találkoztak egy kávéra, a fiú furcsán viselkedett a lány közelében, mintha zavarban lenne miatta. A családja már elkezdett arról beszélni, hogy mennyire jól illenek egymáshoz. Ugyanaz a hitük, ugyanaz a kultúrájuk, mindketten tanultak, és a lista folytatható. A lány kedvelte a fiút, és úgy gondolta, hogy kedves srác. Nem volt éppen „szerelmes" belé, de úgy gondolta, hogy ezek az érzések növekedni fognak, ahogy jobban megismerik egymást. A legnagyobb aggodalma az volt, hogy ez a srác egyáltalán nem kedvelte őt. Úgy tűnt, hogy csak akkor érdeklődött iránta, amikor sms-eztek. Miután a lány megkérdezte a feleségemet, hogy mit tegyen, úgy döntöttem, hogy találkozom ezzel az úriemberrel. A találkozásunkkor egyenesen megkérdeztem tőle: „Szerinted ez a lány dögös?". Erre ő így válaszolt: „Na de pásztor, miért tesz fel ilyen perverz és istentelen kérdéseket? Ő a nővérem Krisztusban, és én a nővéremként tekintek rá." Erre én: „Ez undorító, tesó. Nem szerethetsz egy lányt, akit a testvérednek tekintesz. Persze, minden nőt testvérnek kell látnod Krisztusban, de ha érdekel a lány, és randizni akarsz vele, akkor legyenek pillangók a gyomrodban."

Ez a probléma azzal, ha olyasvalakivel randizol, akihez nem vonzódsz. Először is, a lányok láthatatlan antennákkal rendelkeznek – tudni fogják, hogy nem tartod őket szépnek. Ha egy lány úgy érzi, hogy nem vonzódsz hozzá, hajlamos nagyon bizonytalannak érezni magát. A férfiak számára az a probléma, hogy ha nem elégedettek a lánnyal, akkor elkezdenek máshol keresgélni. Amikor ez megtörténik, akkor valaki megbántódik, és általában valamilyen fajta bűnben végződik az eset.

Szeretném tisztázni: a vonzalom nem vágy. A kéjvágyat Isten tiltja. A vonzalom az az érzés, hogy együtt akarunk lenni azzal a személlyel. Ez nem szerelem, mert a szerelem választás és áldozat. Inkább rajongás, ami kezdetben jó, ha van. Nem lehet kizárólag erre építeni a kapcsolatot, de nem szabad belevágni, ha ez egyáltalán nincs meg.

Ádámnál azt látjuk, hogy volt kapcsolata Istennel, ismerte a saját identitását és volt feladata. Megértette, mi Istennek a kapcsolatokra vonatkozó elvárása: a kompatibilitás. Mégsem talált magához illő segítőtársat. Mielőtt Isten házastársat szerzett volna Ádámnak, elaltatta őt. Én ezt a szexualitás alvásának nevezem. A következő fejezetben erről fogunk beszélni.

6. A szexualitás alvása

Abban a kiváltságban lehetett részem, hogy sok ifjúsági táborba meghívtak előadóként. Alkalmanként a fiatalok körében is aludtam. Egyszer elmentem Oregonba, az óceán közelében fekvő ifjúsági táborba. A szobám a földszinten volt, és a felettem lévő szobában olyan tíz tizenéves fiút szállásoltak el. Az egyik éjszaka úgy döntöttek, hogy éjfél után focizni fognak a szobájukban. Nem tudtam elaludni a hangos zajok miatt. Egyszer csak akkora robajlást hallottam, ami úgy hangzott, sőt úgy érződött, mintha rakéta csapódott volna be az épületbe. Másnap reggel megtudtam, hogy focizás közben valahogy sikerült felborítaniuk egy emeletes ágyat. Szerencsére senki sem sérült meg komolyan.

Amikor másnap reggel kis csoportos foglalkozásokon tanítottam, kiszúrtam azokat a fiúkat, akik a szobám fölött laktak. Tudni akarod, hogyan? Egész nap ásítoztak. Mivel az egész éjszakát focizással töltötték, napközben nem tudtak ébren maradni. Isten úgy alkotta meg a testünket, hogy éjszaka aludnunk kell, mert csak így tudunk napközben megfelelő teljesítményt nyújtani.

* * * *

Isten dolgozik, amikor mi várakozunk

Miután Isten közölte Ádámmal, hogy házastársra van szüksége, elkezdte keresni a megfelelő segítőtársat, de nem találta meg. Mint már említettem, Isten házastársra vonatkozó kritériuma a kompatibilitás. Miután Ádám senkit sem talált, aki megfelelt volna ennek a kritériumnak, visszatért Istenhez.

Istennek volt megoldása, ami határozottan nem tekinthető konvencionálisnak.

> Isten dolgozik, amikor mi várakozunk.

És az Úristen mély álmot bocsátott Ádámra, és ő elaludt; és az Isten elvett egyet az ő bordái közül, és hússal töltötte meg annak a helyét.

1Mózes 2:21.

Isten mélységes mély álmot bocsátott Ádámra. Nem kellett tovább keresgélnie a feleséget, a segítőtársat, csak aludt. Isten igazán érdekes módon dolgozott. Képzeld magad Ádám helyébe, amikor Isten ezt mondja neked: „Belefáradtál a keresésbe? Pihenj egy kicsit. Csak csukd be a szemed és aludj." Nos, Ádám nem volt halott – csak aludt. Az alvás távolról halálnak tűnhet, de a különbség az, hogy aki alszik, az teljesen él, és feltöltődik arra, ami rá vár. Akik halottak, nos, azok már nem élnek.

Javasolhatok valamit? Nem lehetséges, hogy miután már jó ideig keresgéltél és kutattál, de mégsem találtad meg azt, amit keresel, Isten talán arra hív, hogy aludj egyet a romantikus kapcsolatok területén? Alvás alatt azt értem, hogy abbahagyod a keresgélést, lehunyod a szemed, de a szívedet nem. Helyezd ezt az ügyet szó szerint Isten kezébe, és várj rá. Amikor Ádám azon fáradozott, hogy

> Isten arra vár, hogy kezdj el őrá várakozni, hogy ő munkálkodhasson.

megtalálja a házastársát, akkor nem találta meg. De amikor Ádám Isten útmutatása szerint megpihent, akkor amíg ő várakozott, Isten munkálkodott. Talán Isten arra vár, hogy kezdj el őrá várakozni, hogy ő munkálkodhasson. Talán eddig minden fáradozásod hiábavaló volt. Ha most ebben a helyzetben vagy, arra kérlek, hogy a megfelelő személy megtalálásának terhét tedd le Jézus lábához. A házastársad keresése helyett kezdd el keresni Isten országát és számíts arra, hogy Isten minden mást megad neked.

Amikor Ádám elaludt, Isten munkához látott. Isten végzett a világ teremtésével, most már ideje volt, hogy Ádámmal foglalkozzon. Mindannyian szeretnénk, ha Isten szerepet vállalna a kapcsolatainkban. A legjobb módja ennek az, ha megértjük, hogy Isten akkor dolgozik, amikor mi várakozunk. Amikor az ő országát keressük, ő megadja nekünk mindazt, amire szükségünk van. Ha továbbra is keresünk és kutatunk, mint Ádám, és nem találjuk meg, amit keresünk, az frusztrációt és csalódást okoz. Ez kétségbeesetté és türelmetlenné teheti az embert. Talán itt az ideje, hogy valamit megváltoztassunk. Hagynunk kell, hogy Isten dolgozzon. Ő azoknak az életében tevékenykedik, akik várnak, ebben az esetben alszanak.

Amikor Ádám aludt, Isten Ádámon dolgozott, nem pedig Éván. Miután Isten dolgozott Ádámon, Isten képes volt megteremteni Évát. Amikor Isten arcát keresed és Istenre várakozol, ő ugyanúgy dolgozik rajtad, mint azon a személyen, akit a számodra előkészít. Mindannyiunknak van néhány bordája, amin dolgozni kell – talán néhány rossz hozzáállás, jellemhiba, érzelmi sérülés, függőség és rossz szokás. A bordád

> Az Istenre való várakozás nem arról szól, hogy Isten előkészít valakit a számodra, sokkal inkább arról szól, hogy Isten felkészít téged valakinek a számára.

lehet valamilyen adósság, amit Isten szerint vissza kell fizetned. Lehet bántalmazás, amiből gyógyulásra van szükséged. Talán pornófüggőség, amitől meg kell szabadulnod. Istenre várni azt jelenti, hogy megengeded Istennek, hogy dolgozzon rajtad. Az Istenre várakozás nem passzivitás, hanem az ő törekvéseinek a követése, ami a jellemeden és a szíveden végzett műtéthez vezet.

* * * *

Mielőtt Isten elhozna hozzád valakit...

Valamit ki fog venni belőled. Igen! Mielőtt Isten odaállította volna Évát Ádám elé, kivett belőle valamit, miközben aludt. Isten akkor dolgozik, amikor te alszol. Amikor kivesz valamit, akkor behoz valakit a képbe. Amikor Istenre vársz, az nem időpocsékolás – ez a műtét ideje.

Lehet, hogy azt gondolod, hogy jól vagy, és hogy Istennek arra kellene használnia az idejét, hogy más embereken dolgozzon. Ez igaz, másokon is dolgoznia kell. De Isten el akarja küldeni hozzád a megfelelő személyt. De vajon te az a megfelelő személy vagy, akihez ő a másik megfelelő személyt elküldheti? A várakozás ideje a műtét ideje. Isten el fogja

> Mielőtt Isten elhozna hozzád valakit, valamit ki fog venni belőled.

távolítani a bizonytalanságokat, sérelmeket, az Isten

ismerete ellen emelt erődítményeket, pénzügyi adós-
ságokat, mérgező embereket, rossz hozzáállást stb.
A műtéten átesni nem szórakoztató vagy könnyű,
de időnként szükséges az egészségünk érdekében.
Engedd meg Istennek, hogy szellemi műtétet végez-
zen a szíveden, hogy megtapasztalhasd a jó
szellemi egészséget.

Konkrétan mi az, amivel Isten ebben az időszakban
foglalkozik benned? Melyik az a bizonyos borda,
amit el kell távolí-
tani? Gondolkodj
el rajta igazán, és
ne általánosítgass.
Ne mondd ezt:
„nos, Isten az egész életemet meg akarja változtatni".
Isten konkrétumokban gondolkodik, nem általános-
ságokban. Isten csak egyetlen bordát távolított el
Ádám testéből, nem az összes csontját. A Szent
Szellem feddése mindig konkrét helyzetekre mutat
rá. A vádlás mindig általános, a meggyőzés konkrét.
A vádlás például ezt mondja: „én rossz ember
vagyok", míg a meggyőzés, a feddés ezt mondja:
„rosszul viszonyulok a szüleimhez". Az egyik álta-
lános, a másik konkrét. Isten egyszerre csak egy
problémán akar dolgozni. A Szent Szellem konkrét
területekről győz meg minket, és egyenként dolgozik
rajtuk. Amikor hagyjuk, hogy Isten kivegyen valamit,
akkor elhoz valakit az életünkbe. Engedd meg
Istennek, hogy dolgozzon, amíg várakozol.

> A vádlás mindig általános,
> a meggyőzés konkrét.

* * * *

A tinédzserévek olyanok, mint a tized

Ne gerjeszd fel és ne ébreszd fel a szerelmet, amíg nem akarja.

Énekek éneke 2:7.

Ez az utasítás négyszer fordul elő a könyvben, Salamon Énekek éneke című írásában. Visszatart a szerelem illetéktelen felgerjesztésétől vagy felébresztésétől. Aludnia kell. Hasonlóan hangzik ahhoz, amit Isten tett Ádámmal. A szexualitás alvása az, amikor a szexuális vágyakat elaltatjuk, de nem öljük meg. Isten nem akarja megszüntetni a szexuális vágyaidat, azt akarja, hogy aludjanak, amíg nem jött el a te időd.

Úgy vélem, ez az üzenet különösen a tizenévesekre vonatkozik. A tizenéves kor hét évből áll, és tizenkilenc éves korunkban ér véget.[12] Húszéves korodban lépsz be a felnőttkorba. Érdekes, hogy a Zsoltárok 90:10-ben, Mózes imájában azt mondja, hogy a földi életünk hetven év, és néhányan elérik a nyolcvan évet, ha erősek.

Tehát az ember várható élettartama a zsoltár szerint hetven év. Ebből hét évet tizenévesen töltünk. A hét a hetven év tíz százaléka. Azt állítom, hogy a tinédzséreveid az életed tizedét jelentik Istennek, mert <u>ez az életed tíz százaléka. Semmiképpen sem azt</u>

12 A fordító megjegyzése: ez is lefordíthatatlan, az angol számrendszerre utal. Tizenkettőig külön szóval fejezik ki a számokat, és a tizenhármas számtól kezdve képezik a „teen" végződéssel.

mondom, hogy életünknek csak egy bizonyos része tartozik Istenhez, és aztán a későbbi éveinkkel szabadon rendelkezhetünk. Istenben kell élnünk, mozognunk és léteznünk. Serdülőkorunkban nagyon sok testi és lelki változás zajlik le bennünk. Isten azt akarja, hogy ezeket az éveket neki szenteljük, ahogyan a tizedünket is.

> Tinédzserek: a meggondolatlan randizgatás, még ha nem is szennyezi be a tisztaságotokat, akkor is egész biztosan elpazarolja a lehetőségeiteket.

A tizedfizetés elve a következő: Istent helyezzük az első helyre a pénzügyeinkben azáltal, hogy az első tíz százalékunkat az ő országának adjuk. Nem azért adunk, hogy kapjunk, hanem azért kapunk, hogy adjunk. Isten viszonzásul megáldja a megmaradt kilencven százalékunkat. Ugyanez vonatkozik a tinédzser éveinkre is. Ha teljesen az Úrnak szenteljük ezeket, szexuálisan aludni térünk és szellemileg ébren vagyunk, akkor Isten kiárasztja kegyelmét életünk hátralévő éveire.

Ha a tinédzser szexuálisan felébred és randizni kezd, az szexuális erkölcstelenséghez vezethet. De még ha nem is vezet, a statisztikák szerint a serdülőkorban kezdődő kapcsolatok többsége nem végződik házassággal. Még ha a meggondolatlan randizgatás nem is teszi tönkre a tisztaságodat, egészen biztosan elpazarolja a lehetőségeidet. Mivel sokáig ifjúsági lelkész voltam, láttam egy közös nevezőt – azok a fiatalok, akik szexuálisan ébren vannak, szellemileg aludni térnek. Ugyanakkor az érem másik oldalát is láttam. Azok a tizenévesek, akik szellemileg ébren vannak, általában szexuálisan alszanak, ami azt jelenti, hogy a randizás és a romantika gondolatát a megfelelő időre félretették. Ez nem jelenti azt, hogy ezek a szexuális vágyak elhalnak. Szunnyadnak, de nem halnak el. Isten ugyanezt akarja tenni az érzelmeiddel, amikor tinédzser vagy – altasd el őket. Éld az életedet, építsd a szellemi életedet, a szakmai karrieredet, és fedezd fel a rendeltetésedet.

A tisztaságodban benne van az Isten iránti szenvedélyed. Isten azt akarja, hogy az ágyékunk fel legyen övezve és lámpáink égjenek. (Lukács 12:35). Az ágyék a szexualitásra vonatkozik, a

> A tisztaságodban benne van az Isten iránti szenvedélyed.

lámpás a spiritualitásra. Nem éghet a lámpásod, ha az ágyékod nincs felövezve. Ha tizenéves korodban szexuálisan ébren vagy, akkor szellemileg valószínűleg ásítozol. Ne pazarold el a „tized-éveidet" olyasmire, ami öt-tíz év múlva már nem számít. Komolyan, ha megkérdezed bármelyik felnőttet, hogy nevezze meg azt a személyt, akibe tinédzserkorában bele volt zúgva, a legtöbbjük már alig emlékszik valamire. Tíz év múlva te is nehezen fogsz tudni visszaemlékezni annak a személynek a nevére, aki miatt egyszer nem tudtál aludni.

Kérd Istent, hogy altassa el a szexualitásodat és ébressze fel a spiritualitásodat. Ezt az imát követően tudatosan csukd be a szemed az ellenkező nemre. Hagyd abba az érzések felkavarását, amelyekre még nem vagy felkészülve. Ne tölts egyedül időt ellenkező nemű személlyel, és ne legyen ő az „öribarid". Ne küldözgess SMS-eket, privát üzeneteket vagy snapshotokat ellenkező nemű fiatalnak úgy, mintha a házastársad lenne. Tartsd távol magad mindentől, amelyek felesleges érzelmeket gerjesztenek. Más szavakkal: TÉRJ NYUGOVÓRA! Helyezd a vágyaidat szexuális kómába. A barátaid talán azt gondolják majd, hogy kimaradsz valamiből. A korszellem őrültnek fog nevezni. De a valóság az, hogy nem lehetsz teljesen éber napközben, ha éjszaka nem aludtál jól. Érted, mire gondolok?

A tinédzserkor az éjszaka, amikor szexuálisan alszol, hogy amikor eljön a nappal (a felnőttkor), teljesen éber lehess. Isten azt akarja, hogy a házasságotok tele legyen szerelem-

> Ha több lenne az udvarlás a házasságainkban, akkor kevesebb házasság végződne a bíróságon.
> Rick Warren

mel, randizással, romantikával, flörtöléssel és szexszel. Ez a te nappalod: ne aggódj, el fog jönni.

Fel kell készülnöd rá úgy, hogy most nyugovóra térsz. Sokan úgy mennek bele a házasságba, mint egyesek a munkába, miután az egész éjszakát ébren töltötték – fáradtan, ásítva és kimerülten. Azt gondolják, hogy a házasság unalmas, és hogy a házastársuk nem izgalmas. A házasság a randizás ideje. Randiesték, romantikus kiruccanások, virágok, kézfogás, csókok és minden jó dolog, ami ezzel jár. Mindezek a házasság tartozékai.

> A randizás a házasságra való. A házasság a randizásra való.

Szomorú, hogy sok házasság ma ásítozik. A legtöbb ember csak addig randizik, amíg meg nem házasodik, aztán a randizás abbamarad. Rick Warren azt mondta: „ha több lenne az udvarlás a házasságainkban, akkor kevesebb házasság végződne a bíróságokon". Hiszem, hogy a randevúzás a házasságra való, a házasság pedig a randevúzásra.[13]

Szeretnélek kihívás elé állítani: kipihenten, kiadós alvás után kezdd meg a házasságodat. A szingli éveid a te éjszakád, úgyhogy pihend ki magad! A mai világ ezt mondja: „szerezz több tapasztalatot". Isten ezt mondja: „aludd ki magad!" Amikor eljön a megfelelő idő, teljesen éber lehetsz a házasságodban.

---

13 Lefordíthatatlan szójáték. A „court" szónak több jelentése van: királyi udvar, udvartartás, udvarlás és bíróság. Valamikor régen a királyi udvarok töltötték be a bíróságok szerepét.

Egy mellékes megjegyzés: a szexualitásod alvása nem garantálja automatikusan a boldog házasságot. A boldog házasélet továbbra is tudatos választás kérdése és meg kell érte dolgoznod, de a boldog házasság csak a szexualitás alvása után válik lehetségessé.

* * * *

Mi van, ha már túl késő?

Mi van, ha nem tudsz elaludni? Vagyis az az ötlet, hogy ezeket a vágyakat szunnyadni küldjük, jól hangzik, de nem könnyű. Próbálkoztál már vele, de folyton felébredtél. A rendszeres alváshoz hasonlóan itt is emlékeztetned kell magad arra, hogy ez nagyon fontos. Prioritást élvez. Ha természetes alvásra vágysz, akkor le kell feküdnöd az ágyba, ki kell kapcsolnod a tévét és a telefont, le kell kapcsolnod a villanyt, és le kell hunynod a szemed. Ugyanez vonatkozik a tisztaságodra is. Feküdj le az áhítatos életed ágyába, kapcsold ki a zavaró tényezőket az életedből, ne flörtölj az ellenkező nemmel, és kerüld az SMS-ezést vagy a személyes üzenetek küldését ellenkező neműek számára. A tanácsom a következő: viselkedj úgy más egyedülállókkal, mintha már házas lennél. Gondolj arra, hogyan írnál, töltenél időt és beszélgetnél az ellenkező neműekkel, ha már lenne házastársad.

> Viselkedj úgy más egyedülállókkal, mintha már házas lennél.

Aztán viselkedj ennek megfelelően! Vedd fel most ezt a szokást, mert egy nap házas leszel, és akkor is ugyanazok a szokások fogják majd meghatározni az életedet, mint amelyeket korábban kialakítottál. A Példabeszédek 18:22 azt mondja, hogy áldott az a férfi, aki feleséget talál magának. Nem azt mondja, hogy áldott az a férfi, aki talál egy nőt. Ez valójában azt jelenti, hogy a nő már akkor is feleségként viselkedett, amikor ténylegesen még nem volt feleség. Amíg egyedülálló volt, addig úgy őrizte magát és úgy vigyázott a szívére, mintha férjezett lett volna.

Mi történik azokkal, akik a házasságkötés előtt szexuálisan aktívak voltak? Mindenekelőtt meg kell értened, hogy minden házasságon kívüli szexuális tevékenység bűn. Ezeket a bűnöket meg kell bánni. Ha egyszer megbántad, el kell fogadnod Isten ajándékát, hogy „nincs több kárhoztatás ellened". Valójában Jézus azt mondta a parázna asszonynak, hogy nem ítéli el őt. Ha a bűnbánat után is vádlás alatt élsz, akkor a Sátán ezt fel fogja használni arra, hogy visszahúzzon a bűnbe. A kegyelem elfogadása az első lépés, de Jézus azt is mondta neki, hogy menjen el, és ne vétkezzen többé. A mostani szövegkörnyezetünkben Jézus ezt mondja: „Hallod-e? Hajnali egy 1 órára jár az idő, már réges rég aludnod kellene. Menj vissza aludni." Jobb később, mint soha. A „menj el és ne vétkezz többé" azt jelentheti számodra, hogy abbahagyod a kapcsolatot, keresel egy partnert vagy mentort, akivel meg tudod beszélni a dolgaidat, aztán amikor eljön az ideje, megházasodsz.

Ne dőlj be annak a hazugságnak, hogy már túl késő, mert elmúlt éjfél, és még nem feküdtél le aludni. Talán elvesztetted a szüzességed. Talán az egész tinédzserkorod szexuális kicsapongásban telt. Van kegyelem, van remény. Még nem késő Jézushoz jönni, bűnbánatot tartani és elnyerni az ő erejét a szent élethez. Ráháb prostituáltként élt, és Isten nemcsak elfogadta, hanem helyre is állította. Hozzáment a Júda törzséből való Sálmónhoz, éppen ahhoz a kémhez, aki a házában rejtőzött el. Megfelelő emberhez ment feleségül, és született egy fiuk, akit Boáznak hívtak, ő lett Dávid király nagyapja. Isten felhasználta Ráhábot Dávid király világra hozatalához, és helyet adott neki Jézus vérvonalában, annak ellenére, hogy rossz múltja volt.

> A szexuális bűn nem azért a legrosszabb, mert Isten nehezebben bocsátja meg, hanem azért, mert hosszabb időbe telik, amíg kigyógyulunk a bűn utóhatásaiból, hiszen a szex az egész lényünket érinti.

Nem akarom lekicsinyelni a szexuális erkölcstelenség bűnét. A bűn öl és pusztít. Elválaszt minket Istentől. A szexuális bűn nem azért a legrosszabb, mert Isten nehezebben bocsátja meg, hanem azért, mert hosszabb időbe telik, amíg kigyógyulunk a bűn utóhatásaiból, hiszen a szex az egész lényünket érinti. Jézus meghalt a bűneinkért, és kegyelmet akar nyújtani neked. Tarts bűnbánatot és fogadd el az ő kegyelmét. Engedd, hogy a Szent Szellem erőt adjon neked, hogy szent életet élhess. Kérd Istent, hogy altassa el a szexualitásodat, amíg el nem jön a te idők.

Miután foglalkoztunk az Isten idejére való várakozás kérdésével, a következő fejezetben azt fogjuk megvizsgálni, hogy mit tegyünk, amikor eljön a megfelelő idő és a megfelelő személy.

7. Isten bemutat, mi választunk

Szerda este volt, az ifjúsági alkalmunk estéje. Akkor már érdeklődtem Lana iránt, és már alig vártam, hogy végre megjelenjen előttem egy angyal és megerősítse, hogy ő az igazi. Úgy értem, ha angyal jelent meg Józsefnek, hogy megerősítse: Máriát kell feleségül vennie, akkor Isten ezt igazán megtehetné velem is. Aznap este éppen hazavittem egy tinédzsert, aki alig néhány hónapja járt az ifjúsági csoportunkba. Útban hazafelé azt mondta, hogy már tudja, ki lesz a felesége. Ezt gondoltam: *„Ugye, most csak viccelsz velem!"* Ez a srác tizenhat éves volt, én pedig ifjúsági lelkész voltam, és Isten még nem tette világossá számomra, hogy Lana lesz-e a feleségem. Ezért megkérdeztem tőle: „Biztos vagy ebben? Még csak tizenhat éves vagy." Azt válaszolta, hogy nemcsak Isten mondta neki, hanem a többi „próféta" barátja is megerősítette. Megkérdeztem, hány évesek voltak ezek a „próféta" haverok. Még nála is fiatalabbak voltak. Hazavittem, és ezt gondoltam: *„Te jóságos ég, magasabb szintre kell emelnem a szellemi életemet!"*

A következő szerdán észrevettem, hogy ez a tinédzser srác egy szőke lánnyal beszélget. Ez a gyerek borzasztó esetlenül viselkedett mindenkivel, valójában két hónap alatt rajtam kívül senkivel sem beszélt. Az, hogy egy lánnyal beszélgetett, már áttörést jelentett. Egészen addig így gondoltam, amíg észre nem vettem, hogy a következő alkalmakon újra meg újra csak vele beszélget. Az ifjúsági csoportunk akkoriban nagyon kicsi volt, így elég könnyű volt látni mindent, ami történt. Amikor vége lett az esének, odamentem ahhoz a lányhoz, akivel az alkalom teljes időtartama alatt folyamatosan beszélgetett. Megkérdeztem tőle, hogy van, és hogy láttam, hogy ez a srác beszélgetett vele. Csak tudni akartam, hogy minden rendben van-e. Erre sírva fakadt! Azt mondta, hogy a fiú egyszerűen közölte vele, hogy ő lesz a felesége. Először azt hittem, talán örömében sír, de további válaszokat kértem tőle, hogy kiderítsem a valós helyzetet. Elmondta, hogy az a srác az utolsó két hónapban folyamatosan zaklatta őt a templomban, a munkahelyén és az iskolában. Már rettegett tőle, és görénynek nevezte. Vajon lehet-e őt ezért hibáztatni?

Megkérdeztem tőle, hogy elintézhetném-e neki a zaklatást. Azt mondta, hogy ha ez nem áll le, akkor kénytelen lesz a rendőrséghez fordulni.

Pár perc múlva ez a tizenéves fiú megkért, hogy vigyem haza. De ezúttal az irodámba mentünk. Súlyos hibát követtem el, nagyon éretlenül viselkedtem, mert bezártam az irodám ajtaját. Elmondhatatlanul dühös voltam! Én voltam a lelkipásztor, és végső soron felelős voltam a juhokért, különösen, amikor a fiatal lányokat kellett megvédeni attól, hogy kihasználják őket. Úgy tekintettem erre a gyerekre, mint egy farkasra. Legalábbis abban a pillanatban így láttam őt. Terrorizálta az ifjúságunk egyik tinédzserét, ezért úgy döntöttem, hogy megkóstoltatom vele a saját gyógyszerét. Azt mondtam neki, hogy csúnya az arca, és hogy egyetlen jóképű lány sem adna neki esélyt. Elmondtam neki, hogy hatalmas problémája van a kéjvággyal, ami miatt hangokat hall, és ami miatt ártatlan keresztény lányokra vadászik. Ezenkívül azt is a fejéhez vágtam, hogy az Úr nevével manipulálja őket és megalapozatlanul hivatkozik Istenre. Azután ezt mondtam: „Becserkészel egy lányt, és azt mondod neki, hogy Isten szólt hozzád, hogy a feleséged lesz. Ő fiatal az Úrban, és most pánikban van, mert azt gondolja, hogy ha nemet mond neked, az azt jelenti, hogy nemet mond Istennek. Összezavartad őt." Elmondtam neki, hogy ha még egyszer a lány közelébe megy, akkor van itt néhány srác, aki a közelmúltban tért meg, de még nem élnek igazán megszentelt életet, megkérem őket, hogy vigyék a parkolóba, és alaposan lássák el a baját. Mivel tudtam, hogy hol lakik, megmondtam neki, hogy ha továbbra is zaklatja azt a lányt, meg fogom találni és megverem, és ma este gyalog kell hazamennie!

Ismétlem, tudom hogy nem krisztusi módon reagáltam. Visszatekintve már látom, hogy kedvesebben kellett volna bánnom vele, és segítenem kellett volna neki, hogy felszabaduljon és megújuljon az elméje. Mindenesetre soha többé nem zaklatta azt a lányt, és örökre eltűnt az ifjúsági csoportunkból. Talált egy másikat.

* * * *

Odavitte az emberhez

Azután a bordát, amelyet az Úristen kivett az emberből, asszonnyá formálta és odavitte az emberhez. Ádám így szólt: Ez most már csont az én csontjaimból és hús az én húsomból; nevezzük őt asszonynak, mert a férfiemberből való.

1Mózes 2:22-23.

Szeretném, ha észrevennétek, hogy Isten nem ezekkel a szavakkal vitte oda Évát Ádámhoz: „Ez a te feleséged". Odaállította Évát Ádám elé teljesen meztelenül. Ádám volt az, aki így kiáltott fel: NAHÁT. EZ AZ. Ádám ránézett Évára, és valami olyasmit mondott, ami akár egy mai felszedős szöveg is lehetne: ez már az én csontomból való csont és az én húsomból való hús. Éva elpirult és bumm! Összeházasodtak. A Teremtés könyvében sehol sem látjuk, hogy Isten feleséget hozna Ádámnak. Bemutat neki egy nőt. Ádám választja őt feleségének. Ádámnak könnyű dolga volt. Először is nem volt más lehetősége, másodszor a nő meztelenül jött! Több ezer évvel később azonban a dolgok egy kicsit megváltoztak. De egy alapelv megmaradt: Isten bemutat, és mi döntünk.

Az angyal eljön Józsefhez és elmondja neki, hogy Mária a felesége lesz, mert Mária házasságon kívül termékenyült meg, és azt állította, hogy a Szent Szellem ejtette őt teherbe. Ti mit szólnátok, ha a barátnőtök ezzel a szöveggel állna elétek? Ezért kellett az angyalnak közbeavatkoznia, hogy József higgyen Máriának. Vannak emberek, akik arra várnak, hogy Isten természetfeletti álmot, angyali látogatást vagy prófétai megerősítést adjon nekik arról, hogy ki legyen a házastársuk. Az ilyen megerősítésekkel nincs semmi baj, de a legtöbb ember soha nem fogja megkapni ezeket a szellemi jeleket, és őszintén szólva nincs is ezekre semmi szükség.

* * * *

Természetfeletti jelek

Jómagam is küszködtem ezzel a gondolattal. Természetfeletti jelet akartam Istentől, hogy segítsen eldönteni, kit vegyek feleségül. Hallottam romantikus történeteket olyan emberekről, akik ilyen szellemi

megerősítésben részesültek. Szolgálatban álltam.
Én is át akartam élni ugyanezt, néhány nem helyén-
való ok miatt.

Az első ok az volt, hogy szerettem volna egy menő,
természetfeletti, romantikus történetet, amit megoszt-
hatok másokkal, hogy lenyűgözzem őket, mennyire
szellemi vagyok. Most teljesen őszintén beszélek.
Kedveltem Lanát, és szerettem őt. Illett hozzám. A
szívemben azt éreztem, hogy szabad előttem az út,
de azt akartam, hogy odafentről felemelt hüvelykujjat
mutassanak nekem egy angyali látogatással, prófétai
megerősítéssel, vagy legalább egy éjszakai álommal.

A másik ok, amiért hatalmas jelet akartam Istentől,
az volt, hogy azt gondoltam, ha Isten leszól az égből,
hogy ő az igazi, akkor a házasságom varázslatos lesz,
mint a földi mennyország. Más szavakkal: nem kel-
lene megváltoznom, vagy foglalkoznom a
problémáimmal. Azt gondoltam,
hogy ha jelet kapok Istentől, akkor a
házasságom zökke-
nőmentes, tökéletes
és kihívások nél-
küli lesz. Hamar
megtanultam, hogy

> Nem számít, hogy
> kivel kötsz házasságot,
> mindenképpen
> alkalmazkodnod kell.
> Vannak, akik inkább
> házastársat váltanának,
> de változásról hallani se
> akarnak.

az ilyen házasság csak tündérmese. Igen, a házassá-
gok az égben köttetnek, de a villám és a mennydörgés

is az égből jön. Megtanultam, hogy nem számít, kivel kötsz házasságot (persze csak olyan személy jöhet szóba, aki Krisztusban van), mindenképpen alkalmazkodnod kell, és a jó házasság mindig kemény munka eredményeként születik meg. Az nem jön csak úgy magától, hogy úgy szereted a feleségedet, ahogyan Krisztus szereti az egyházat, vagy hogy aláveted magadat a férjednek. Szükséged lesz a Szent Szellem segítségére.

A megfelelő személy megtalálása nem teszi szükségtelenné a megfelelő hozzáállás kialakítását. Ha gyakorlod a házasságodban a Szellem gyümölcsét, akkor nagyjából bárkivel működőképes házasságot köthetsz, aki Krisztusban van. Ezért nem hiszem, hogy Isten lottósor-solásként kezelné a házasságot, mert akkor egy a millió-hoz lenne az esélyed az igazi megtalálására.

> Isten nem lottósorsolásként kezeli a házasságot, mert akkor egy a millióhoz lenne az esélyed az igazi megtalálására.

Nem számít, kivel kötsz házasságot, mindenképpen alkalmazkodnod kell. Vannak, akik inkább házastársat váltanának, de változásról hallani se akarnak.

A harmadik ok, amiért hatalmas természetfeletti jelet akartam, az volt, hogy bizonytalan voltam. Féltem, hogy rosszul döntök, és azt akartam, hogy Isten döntsön helyettem. De mindennek a félelemnek a gyökere az éretlenség volt. Tudtam, hogy ez a döntés halálomig tart, és ez nem tréfa. Reméltem, hogy a szüleim, a lelkészem vagy egy próféta meghozza helyettem ezt a döntést. Ha a dolgok nem működnének, akkor lenne kit hibáztatnom, és nem kellene felelősséget vállalnom a tetteimért.

Férfinak születtem, de férfiassá kellett válnom. Férfinak lenni születés kérdése, a férfiassá válás viszont döntés kérdése.

Ez része annak a folyamatnak, amelynek eredményeként éretté és magabiztossá válunk, képesek leszünk felelősséget vállalni és döntéseket hozni. Szolgálatban álltam, szerettem az Urat, és úgy éreztem, hogy felelősség nyugszik a vállamon, de ezen a területen még mindig éretlen voltam.

> Férfinak lenni születés kérdése, a férfiassá válás viszont döntés kérdése.

Egyszerűen fel kellett cseperednem. Valójában annyira döntésképtelen voltam, hogy úgy éreztem, mintha átok ülne rajtam.

Ez volt az oka annak, amiért húsz éves koromban randiztam az egyik lánnyal a gyülekezetből, és szakítottam vele, nem is csak egyszer, hanem kétszer. Randiztam Lanával, és még aznap szakítottam vele. Kiakadtam. És huszonnégy éves koromban derengeni kezdett bennem, hogy talán inkább a határozatlanságomon kellene változtatnom. Ezt nem Isten közbelépése, hanem az én fellépésem fogja megoldani. Nem Isten csodájára lenne szükség, hanem az én érettségemre.

* * * *

Kinyilatkoztatás a TJ Maxx áruházban

Jelre vártam, Isten viszont arra várt, hogy végre elszánjam magam. Egy sorsdöntő napon, amikor a TJ Maxx nevű amerikai áruházban vásároltam valamit, megpillantottam egy régi középiskolai barátomat, akit már régóta nem láttam. Néhány kedves szót váltottunk és észrevettem, hogy van vele egy gyerek. Megkérdeztem, hogy talán a kisöccse, de ő így válaszolt: „Nem, ő a fiam. Nős vagyok, és ő az én gyermekem." Meglepődtem és gratuláltam neki. Ő is hívő volt, ezért megkérdeztem, hogyan ismerte meg a feleségét. A válasza egy kicsit őrülten hangzott. Azt mondta, hogy egy ideje ismerte a nőt, ugyanabba a templomba jártak, még tetszett is neki, de soha nem randiztak vagy ilyesmi. Aztán elmentek egy missziós útra, és ott beleszeretett a nőbe. Elmondta, hogy olyan tulajdonságokat látott benne, amilyeneket szeretett volna a leendő feleségében. A hétnapos missziós út után hazafelé, még a repülőtéren megkérte a lány kezét. Miután mindezt hallottam, azonnal egy csomó kérdéssel álltam elő, például: „Honnan szereztél gyűrűt? Nem volt ez egy kicsit túl gyors? Még csak nem is randiztatok?" A válasza egyszerű volt: „Megtetszett nekem, és ő is

hívő volt, így találtam egy zsinórt, és felhúztam az
ujjára, majd később megvettem a gyűrűt. Most, hogy
házasok vagyunk, bepótoljuk a kihagyott randevú-
kat." Megkérdeztem tőle, hogy Isten szólt-e hozzá,
hogy ő az igazi. Ezt felelte: „Nos, hívő volt, ismertem
őt, és tetszett nekem. Ennyi nekem elég volt."

Miután végighallgattam ezt az abszurd történetet,
azt gondoltam magamban, hogy *ez a fickó őrült, a
bolondokházában lenne a helye.* Úgy értem, ki csinál
ilyet? Másrészről viszont ezt a kis benyomást éreztem
a szívemben: *„Vlad, mire vársz még? Megvan minden
megerősítés, amire szükséged van."*

Hívő? Pipa!

Tetszenek a jellemvonásai? Pipa!

Itt az ideje, hogy megházasodj? Nagy PIPA!

Nincs benned semmi nyugtalanság emiatt? Pipa!

A mentoraid helyeslik a döntésedet? Pipa!

Vonzódsz hozzá? Pipa, pipa!

Ott, a TJ Maxx kellős közepén eldöntöttem, hogy
nincs szükségem semmiféle nagy égi jelre. Férfivá
kell válnom. Isten bemutatta nekem a megfelelő sze-
mélyt, és nekem döntenem kellett. Megköszöntem
a barátomnak ezt a beszélgetést, és azt mondtam
neki, hogy fogalma sincs, mennyit segített nekem.
Még aznap felhívtam egy portlandi ékszerüzletet, és
megkérdeztem, milyen gyorsan tudják elkészíteni a

gyűrűt. Ők már ismertek engem, mert bementem az üzletükbe, és megmutattam nekik, milyen gyűrűt szeretne Lana… majd egyszer.

Minden készen állt, csak én nem voltam készen. Azt mondtam Lanának, hogy szombaton meglátogatom, hogy együtt lógjunk, de ehelyett felhívtam a vezetőjét a Value Village-ben, ahol dolgozott, és megkérdeztem, hogy megkérhetem-e a kezét a munkahelyén, az összes munkatársa előtt. Azt akartam, hogy meglepetés legyen, és teljesen váratlanul érje. A húga feldíszítette a házát, hogy utána egy kicsit bulizhassunk. A bátyám elrejtőzött a folyosón, hogy videón rögzítse a lánykérést. Az üzlet vezetője bemondta a hangosbemondón, hogy Lana jöjjön előre, és az összes alkalmazott is jöjjön. Ott féltérdre ereszkedtem. Egyáltalán nem számított semmi ilyesmire. Nem, nem lánykéréshez volt öltözve, de ez semmit sem számított, nagyon tetszett neki. Most, kilenc évvel később, visszatekintve tudom, hogy ez volt a helyes döntés. Örülök, hogy nem vártam arra, hogy Isten hozza meg ezt a döntést helyettem. Hiszem, hogy Isten bemutat, de mi döntünk.

* * * *

Isten mondta

Hiszem, hogy Isten ma is szól hozzánk. A Szent Szellemnek kell vezetnie minket. De a házasság témáját nem szabad túlszellemiesíteni. Kezdő prédikátorként minden kis felismerésről, amit a Szentírásból megértettem, ezt mondtam: „Isten mondta nekem". A mentorom, aki egyben a vezető lelkész is volt, sokat vesződött azon, hogy ezt a mondást kigyomláljam a prédikációimból. Azt mondta, hogy kerüljem a „Isten mondta nekem" mondatot, mert nem vagyok próféta. Jobb csak azt mondani, hogy érzésed szerint az Úr mondta, nem szabad minden kinyilatkoztatásra és felismerésre rányomni a bélyeget, hogy „Isten mondta nekem". Engedd, hogy az emberek erősítsék meg a prédikáció végén ezekkel a szavakkal: „Isten szólt hozzám ezen az üzeneten keresztül". Ha mindig azt mondod, hogy „Isten mondta nekem", az azért van, mert tudod, hogy az emberek nem bíznak abban, hogy valóban az Úrral jársz, és szeretnél nyomatékot adni a szavaidnak. Őszintén szólva igaza volt!

Ugyanez vonatkozik a házassági döntésünkre is. Hiszek abban, hogy követni kell Isten békéjét és az ő csendes, halk hangját, amellyel a szívünkben szól. Isten úgy vezet minket, hogy sugallatokat ad nekünk. Előfordul, hogy hallható hangon, álom vagy látomás által, máskor pedig prófécia vagy a tudomány beszéde által szól. Lenyűgöző élmények ezek! Minden szellemi ajándékra szükségünk van a gyülekezeteinkben. Ám teljesen mindegy, hány megerősítést kapsz a mennyből, ez nem fogja pótolni azt, hogy kellően érettnek kell lenned a döntés meghozatalához. Az Istentől kapott összes természetfeletti jel sem fogja varázslatosan könnyűvé tenni a házasságodat, és nem fogod megúszni a befektetett munkát.

Lelkipásztorként azt tanácsolom, hogy ne kezdd a kapcsolatot azzal, hogy „Isten azt mondta, hogy a feleségem leszel". Még ha valóban ezt mondta is, ne zúdítsd azonnal a kiszemelt személy nyakába. Tartsd meg magadnak egy ideig. Ha előhúzod az „Isten mondta nekem" kártyát, akkor ezzel megfosztod a másik felet attól a lehetőségtől, hogy nemet mondjon neked, mert ezzel Istennel szegülne szembe. Gondolom azt akarod, hogy az emberek a jellemed és a személyiséged miatt kedveljenek és vonzódjanak hozzád, nem pedig azért, mert attól félnek, hogy a pokolban fognak égni az Istennel szembeni engedetlenségük miatt. Sokan az érzéseiken keresztül szemlélik a kapcsolataikat, és figyelmen kívül hagyják a személyre vonatkozó tényeket. Isten lehetőségeket állít eléd, te pedig válaszd azt, ami a leginkább megfelelő a számodra.

Sok embert ismerek, akik úgy érezték, hogy Isten szólt hozzájuk, hogy egy bizonyos személy lesz a házastársuk, és évekig ragaszkodtak ehhez, sőt még prófétai megerősítéseket is kaptak. Ma az a személy, akit szerettek, valaki másnak a házastársaként él, és gyerekei vannak. Mi történt azzal, hogy „Isten mondta nekem"? Azt hallották, amit hallani akartak. Ennyi az egész. Nem akarom, hogy az emberek kételkedjenek Isten hangjában. Nem mindent Isten mond, amit a fejedben hallasz. Ezért vannak mentoraink és szüleink, hogy segítsenek felismerni a különféle hangokat. Ezért adott Isten fejet a vállunkra, hogy a tényeket is megvizsgáljuk.

Amikor Ádám először találkozott Évával, úgy döntött, hogy feleségül veszi. A randizási időszakuk nagyon rövid volt, ha egyáltalán volt ilyen. Aztán létrejött az emberiség történelmének első házassága. Az utolsó fejezetben látni fogjuk, hogy Isten milyen utasításokat adott az első házaspárnak az esküvőjük napján.

8. Legjobb házassági tanácsok

E gyszer valami gond támadt két házastárs között, és néhány napig hallgatással büntették egymást. A férfi hirtelen ráeszmélt, hogy másnap hajnali ötkor a feleségének kell őt felébresztenie, mert üzleti okok miatt el kell érnie a kora reggeli járatot. Mivel nem akarta, hogy ő legyen az első, aki megtöri a csendet (mert akkor elvesztette volna ezt a csatát), ezért felírta egy papírra: „Kérlek, ébressz fel hajnali ötkor". Olyan helyen hagyta, amelyről tudta, hogy a nő biztosan megtalálja. Másnap reggel a férfi arra ébredt, hogy reggel kilenc óra van, és lekéste járatát. Dühében már épp meg akarta kérdezni, miért nem ébresztette fel a felesége, amikor észrevett egy papírdarabot az ágya mellett. Ez állt rajta: „hajnali öt óra van, ébredj fel".

A házasság az emberiség legrégebbi intézménye, amelyet Isten a társadalom alapjának szánt. A házasság minden közösség: egyház, állam, nemzet, társadalom és kultúra alapvető építőköve. Ha bármit is tudsz a történelemről, akkor tudod, hogy ahol a házasságok erősek, ott a kultúrák és a nemzetek is erősek. A valóság az, hogy ahol a házasságok és a családok gyengék, ott a kultúrák és a nemzetek hanyatlanak.

A házasság létrejöttének második oka a férfi és a nő közötti mélyebb kapcsolat. A házasság Isten terve, nem pedig egy hagyomány, amit csak úgy eldobhatunk. Isten találta ki a házasságot, amikor téged és engem, és az egész emberiséget megteremtette.

A házasság harmadik célja a szaporodás. Isten úgy döntött, hogy a bolygót a házasságok révén népesíti be. Évezredeken keresztül emberek milliárdjai azért születhettek meg erre a világra, mert férfiak és nők összeházasodtak. Isten úgy döntött, hogy mindenkit házasságon és a szexen keresztül hív életre.

A házasság negyedik célja a gyermekek védelme. Mindannyian tudjuk, hogy a gyerekek jobban, egészségesebben fejlődnek és erősebbek lesznek, ha stabil családban növekedhetnek fel, anyuka és apuka mellett.

A házasság ötödik célja a jellemünk megjobbítása. A kapcsolatainkon keresztül tanuljuk meg, hogyan lehetünk önzetlenek és szeretetteljesek. A házasság először szentté tesz, mielőtt boldoggá tenne. A házasság az a kapcsolat, amely a legmélyebb hatást gyakorolja az életedre. Az életnek az a célja, hogy felnövekedj és fel-ismerd, hogy nem minden rólad szól – vagyis légy érett.

> A házasság először szentté tesz, mielőtt boldoggá tenne.

És végül: a házasságot Isten azért teremtette, hogy a Jézus Krisztussal való egyesülésünk tükörképe legyen. A házasság metafora, szimbólum. Két lábon járó, élő, kézzelfogható lecke arról, hogy Isten meny-nyire szeret minket, és hogy milyen kapcsolatban kell lennünk vele. A házasság egy mélységes szellemi igazság modellje.

∗ ∗ ∗ ∗

Az első esküvői szertartás

Ezért a férfi elhagyja apját és anyját, és egyesül feleségével, és egy testté lesznek.

1Mózes 2:24.

Isten segítette elő az első házasságot Ádám és Éva között. Ezen az esküvőn erőteljes beszédet mondott, amely tartalmazza a sikeres házasság tervrajzát. Hiszem, hogy ez az útmutatás a jövő nemzedékek-nek is szól, nem kizárólag Ádámnak. Valójában az a mondás, hogy az ember hagyja el apját és anyját, nem is vonatkozik Ádámra – neki nem volt apja és anyja, akit elhagyhatott volna. Isten házassági utasítása mindannyiunkra vonatkozik.

A keresztény házasság középpontjában Isten jelenléte áll. Olyan, mint a háromszög oldalai, ahol a férfi és a felesége a két alsó pontot foglalja el, és Isten van a csúcson. Ha alulról felfelé követed az oldalakat, akkor észreveheted, hogy minél közelebb kerül mindkét ember Isten jelenlétéhez, annál közelebb kerülnek egymáshoz.

Isten jelenléte nem elegendő a sikeres házassághoz. Isten elvei garantálják az igazi beteljesedést és harmóniát. Isten jelenléte és Isten elvei egyaránt szükségesek ahhoz, hogy a házasság Isten szándéka szerint alakuljon. Ádám és Éva Isten jelenlétében tartózkodott, és ott ismerték meg Isten elveit. Amikor a házas emberek vigasztalan helyzetbe kerülnek, akkor gyakran azt gondolják, hogy ha elmennek a gyülekezetbe és felépítik az Istennel való kapcsolatukat, az majd megoldja minden problémájukat. Isten jelenléte bizonyos szintű áttörést hoz a kapcsolatokban, de az ő elveihez való ragaszkodás hozza meg az áttörés teljességét. Isten jelenléte békességet hoz, de Isten elveitől lesz virágzó a kapcsolatod.

> Isten jelenléte békességet hoz, de Isten elveitől lesz virágzó a kapcsolatod.

Mielőtt megházasodsz, meg kell értened a házasság néhány alapelvét, ahogyan azt a Teremtés könyve felvázolja. Ez a könyv nem a házasságról szól, de szerepel benne három alapelv a házasságra vonatkozóan, amint azt a második fejezetben felvázoltuk.

* * * *

Az elhagyás elve

A férfi elhagyja apját és anyját

Mielőtt az elsőbbség elvével foglalkoznánk, ami az „elhagyás", szeretnék megmutatni egy itt rejtőző kis titkot, ami ellentétes a mai kultúránkkal. *A szüleiddel kell élned, amíg meg nem házasodsz.* Tudom, hogy az Y-generáció néhány tagja ettől szívrohamot kaphat, de ezt mondja a Biblia. Az emberek azt mondják, hogy a Biblia régi. A Nap is nagyon öreg, de még mindig forró. Isten elvei még ma is működnek. A szüleimmel éltem, amíg meg nem nősültem. Néhányan még gúnyolódtak is rajtam, mert ifjúsági lelkész voltam, és még mindig a szüleimmel éltem. Már volt saját házam, de akkor is a szüleimmel éltem. Talán elgondolkodtok, hogy miért? Mert a Biblia

> Az emberek azt mondják, hogy a Biblia régi. A Nap is nagyon öreg, de még mindig forró.

azt mondja, hogy *akkor hagyd el apádat és anyádat, amikor van valaki, akihez ragaszkodhatsz, nem pedig akkor, amikor betöltöd a tizennyolcadik életévedet.* Ez homlokegyenest ellentétesnek tűnik a mai kultúrával, de hadd fejtsem ki, hol rejtőzik Isten bölcsessége ebben az egyszerű utasításban.

Ha a szüleiddel maradsz, jó életvezetési készségeket fejleszthetsz ki magadban, pénzt takaríthatsz meg, és olyanokkal tanulhatod meg, hogyan kell megoldani az esetleges súrlódásokat, akiket ismersz. Mire lenne jó, ha tizennyolc évesen elköltöznél a szülői házból, az egyik fizetéstől a másikig élnél csak azért, hogy bebizonyítsd a csóró barátaidnak, hogy független vagy. Nagyon sok ilyen esetet láttam már, és a vége sokszor az lett, hogy az illető megnősül, majd visszaköltözik a szüleihez, mert nem tudja fizetni a számlákat.

Ez ellentétes a Teremtés könyvének útmutatásával. Maradj a szüleiddel, amíg nem leszel házas, segíts nekik a házimunkában, takarékoskodj és alakíts ki velük jó kapcsolatot.

> Ne hagyd el a szüleidet, amíg nincs valaki, akihez ragaszkodhatsz.

Megértem, hogy bizonyos esetekben ez nem lehetséges. A feleségem néhány évig egyedül élt, mielőtt összeházasodtunk, mert a szülei olyan programban vettek részt, amely nem tette lehetővé, hogy felnőtt gyermekeik is velük éljenek. Időnként előfordulhat, hogy dráma van otthon és jobb, ha a fiatal elköltözik, vagy elmegy a főiskolára. Ezek kivételek a szabály alól, de Isten elvei azt sugallják, hogy addig nem szabad elhagyni a szülői házat, amíg nincs kihez ragaszkodnod. Nemcsak a te érdekedben, hanem a szüleid érdekében is.

Az elhagyás elve a házasságok elsőbbségi elve, és pontosan azt jelenti, amit mond – ha megházasodsz, elköltözöl a szülői házból. Félreérthetetlen és lényegretörő. Manapság ezt az emberek a feje tetejére állították: a középiskola után kiköltöznek, és a házasságkötés után visszaköltöznek a szülői házba. Nem azért vagyok itt, hogy ítélkezzem, csak rámutatok arra, amit Isten már a kezdetektől fogva mondott az életünkre nézve. Van itt egy mélyebb elv, mint egyszerűen csak elköltözni a szülői házból, nehogy az após-anyós irányítsa és uralja a friss házasságotokat: elhagyni, majd ragaszkodni. Nem tudsz ragaszkodni a házastársadhoz, amíg nem hagysz el bizonyos helyzeteket. Még Jézusnak is el kellett hagynia a mennyet, hogy menyasszonyához, az egyházhoz ragaszkodhasson. Izraelnek el kellett hagynia Egyiptomot, hogy az ígéret földjéhez ragaszkodhasson.

> Nem tudsz ragaszkodni a házastársadhoz, amíg el nem hagysz bizonyos helyzeteket. Még Jézusnak is el kellett hagynia a mennyet, hogy menyasszonyához, az egyházhoz ragaszkodhasson. Izraelnek el kellett hagynia Egyiptomot, hogy az ígéret földjéhez ragaszkodhasson.

Az elhagyás elve az egész Bibliában megtalálható.

A folyamat a szüleid elhagyásával kezdődik, de itt nem ér véget. Amikor megházasodsz, el kell hagynod az agglegény életmódodat. Néhány szokást, hobbit, sőt még a barátokat is félre kell tenned ahhoz, hogy ez az új kapcsolat gyökeret ereszthessen. A házasság nem működhet, ha nem ez a prioritás. És soha nem is lesz prioritás, amíg néhány magatartásformát és ügyet nem hagyunk hátra. Isten azt akarja, hogy a házasságunk legyen a legfőbb prioritásunk. Sokan megházasodnak, majd megcsalják az új házasságukat a munkájukkal és a hobbijaikkal, aztán csodálkoznak, hogy miért nem működik a házasságuk. Ahhoz, hogy egy házasság működőképes legyen, a családnak, a barátoknak, a hobbiknak, a munkának és még a szolgálatnak is a maga helyére kell kerülnie. Ne feledd, hogy nem élvezheted a házasság előnyeit úgy, hogy egyedülálló életmódot folytatsz. A szingliség bizonyos kiváltságainak az oltárra kell kerülniük ahhoz, hogy a házasság áldásait élvezhessük. Az úgy nem megy, hogy a kecske is jóllakik, de a káposzta is megmarad. A házasságok azért szenvednek, mert az emberek ragaszkodnak a szingli életük előnyeihez, miközben megpróbálják megragadni a házasság áldásait. Isten világosan megmondta, hogy lesz, amit el kell hagynod, ha ragaszkodni akarsz a házasságodhoz. Ebben az esetben nemcsak olyasmit kell elhagyni, ami rossz, hanem még néhány jót is. Ami a szingliség időszakában áldást jelent, a házasság időszakában teherré válhat.

Fontos megjegyezni, hogy az elhagyást a férfiaknak kell kezdeményezniük, nem a nőknek. Ez nem azt jelenti, hogy a nőknek nem kell elhagyniuk a szüleiket és a szingli életüket, hanem azt, hogy a férfiaknak kell az utat mutatniuk. Ha a férfinak kell vezető szerepet vállalnia a házban, akkor itt kell elkezdenie a példamutatást. Férfiak, amikor megházasodtok, tegyétek a házasságot prioritássá, és hagyjátok hátra mindazt, ami miatt a házasságotok háttérbe szorulna. Jézus elhagyta a mennyet és az Atyát, hogy menyasszonyt találjon magának. Jézus menyasszonya válaszul elhagyja a bűnt, a Sátánt és a világiasságot, hogy kövesse a Vőlegényt. Neked is ugyanezt kell tenned a menyasszonyodért, és a menyasszonyod követni fog.

* * * *

A ragaszkodás elve

És ragaszkodik feleségéhez

Ádám és Éva esküvőjének napján Isten arra utasította a férfit, hogy hagyja el a szüleit, és ragaszkodjon a feleségéhez. Az elhagyás az elsőbbség elvét jelenti, de a ragaszkodás a követés, a törekvés elvét tárja fel. Állandóan ott van a másik sarkában,

> A szenvedély a házasságban a követés eredménye.

mint az árnyék. Isten a házasságot a szenvedély helyének szánta. Mint ahogyan Isten azt akarja, hogy a vele való kapcsolatunkban szenvedélyes szeretet égjen bennünk iránta, úgy a házasságunkban is szenvedélyt akar látni. A szenvedély a követés eredménye. A követés ragaszkodást jelent.

Kit kell követnünk? A Biblia egyértelműen azt mondja, hogy az embernek el kell hagynia valakit és ragaszkodnia kell valaki máshoz. Sehol nem írja, hogy a nőnek kell kezdeményeznie. A férfinak kell kezdeményeznie a kapcsolatot, és a nőnek reagálnia kell erre a kezdeményezésre. Jézussal is ez történt. Ő kezdeményezett, ő kezdte el keresni a gyülekezetet. Azért jött a mi világunkba, hogy megkeressen

> Hölgyeim, ne ti cserkésszétek be a férfiakat, engedjétek meg, hogy ők keressenek titeket.

minket. Megkörnyékezett minket az ő szeretetével, mi egyszerűen csak válaszoltunk erre a szeretetre. Jézus a modell minden férfi számára. Tehát, hölgyeim! Ne ti cserkésszétek be a férfiakat, engedjétek meg, hogy ők keressenek titeket.

A legtöbb férfi hajszolja azt, amit igazán akar. Ha egyedülálló hölgy vagy, és egy férfi nincs állandóan a sarkadban, akkor valószínűleg nem ő az igazi a számodra. Ne üldözd és ne manipuláld őt. Ne erőltesd és ne gyakorolj rá nyomást, ne akard mindenáron megszerezni, különben egész életedben őt fogod hajszolni. Megérdemled, hogy rád vadásszanak.

A lányok csak akkor érzik, hogy szeretik őket a férfiak, ha alaposan meghajtják őket. Még egy tanács a lányoknak: hiába követ téged árnyékként egy férfi, ne add meg magad ennek az üldözésnek, ha nem vágysz arra, hogy vele legyél. Ne játszadozz a kapcsolatokkal, különben egy játékos mellett fogsz kikötni. Légy őszinte magaddal és vele is.

Mi van akkor, ha a pasi passzív, de jó ember és kedvel téged? Néha nem baj, ha „beindítod" őt. Nem a legjobb, de vannak történetek olyan nőkről, akik rafináltan kezdeményeznek, mire a pasi „felébred" és elkezdi „levadászni". Gond akkor van, ha a nő kitartóan üldözi a férfit, de a férfi egyáltalán nem vágyik rá. Ruthnak például azt tanácsolta az anyósa, hogy kezdeményezze a kapcsolatot Boázzal úgy, hogy szépen felöltözik, és egy este megjelenik a szérűn. Ruth pedig köntörfalazás nélkül ezt mondta a férfinak: „Ki kell váltanod a férjem

> Ne játszadozz a kapcsolatokkal, különben egy játékos mellett fogsz kikötni.

tulajdonát, és feleségül kell venned engem". Ez elég merész húzás volt, de bejött, és Boáz teljes gőzzel beindult. Viszont Ruth nem üldözte kétségbeesetten Boázt a város utcáin, és nem próbálta rákényszeríteni arra, hogy vegye feleségül. Lányok: kezdeményez-hettek, de soha ne áldozzátok fel az egész életeteket egy férfit üldözéséért. Kezdetben Isten kinyilatkoz-tatta, hogy a férfinak kell a nőhöz ragaszkodnia, nem pedig fordítva. Jézus megmutatta ezt az igazságot azzal, ahogyan a Földön kereste a menyasszonyát. Nem mi kerestük Istent, hanem ő keresett minket. Uraim: ha egy hölgy nemet mond, az nemet jelent! Hagyjátok őt békén, ne gyakoroljatok rá nyomást, és ne erőltessétek rá magatokat. Jézus senkit sem kényszerít arra, hogy a mennybe menjen, és neked sem szabad kényszerítened senkit sem arra, hogy viszonozza a szerelmedet. Ha nem tetszel neki, és nem akar veled lenni, ne vedd magadra. Engedd el és lépj tovább. Ismerek történeteket olyan férfiakról, akik évekig vártak arra, hogy egy lány szíve megdobbanjon értük, és végül, sok évvel később össze is jöttek és összeházasodtak. Ha van benned ennyi türelem és állóképesség, akkor csináld végig, de nincs rá semmi garancia, hogy veled is ez fog történni.

A Teremtés könyvében található vers teljesen egyértelműen kimondja, hogy a férfinak a *feleségéhez* kell ragaszkodnia, nem pedig a barátnőjéhez. Ez azt jelenti, hogy Isten akarata szerint a házasság olyan hely, ahol a férfi továbbra is „rámozdul" a feleségére. A randizás során a legtöbb férfi számára természetes, hogy a lányokra „vadászni" kell, de ennél sokkal nagyobb kihívást jelent, amikor a férfiak megházasodnak, mert ez érettséget és tudatosságot igényel. Amikor randizol, és nem vagy házas, a

> Bármelyik fiú rámozdulhat egy lányra, de a feleség becserkészéséhez férfi kell.

törekvésedet a kémia táplálja. Amikor azonban meg-
házasodsz, ugyanezt a „vadászatot" a döntésednek
kell táplálnia.

A randizás során az érzések befolyásolják a dön-
téseidet, de amikor megházasodsz, a döntések
befolyásolják az érzéseidet. Ez azt jelenti, hogy
már nem azért teszel meg bizonyos tetteket, mert
úgy érzed, hogy kedved van hozzá, hanem azért,
mert az a helyes. Végül az érzelmek is megjelennek.
Véleményem szerint ez az egyik oka annak, hogy sok
házasság balul sül el: kihal a szenvedély.

Mechanikus és kiszámítható lesz és rutinná válik. A
szenvedély lángja, a randevúzás, a flörtölés, a csó-
kolózás, a kézenfogás és a szexuális intimitás csaknem
teljesen kihal. A „vadászat" helyét átveszi a főiskola,
a munka, az üzlet, a gyerekek, a számlák és a hobbik.
A legtöbb férfit konkrét célok vezérlik. Amikor meg-
házasodnak, úgy érzik, hogy elérték az egyik céljukat,
ezért továbblépnek a következő cél felé, ami általában a munkájukban elért siker. Isten azonban azt mondta, hogy a

> Amikor randizol, a
> törekvésedet a kémia
> táplálja. Amikor azonban
> megházasodsz, ugyanezt a
> „vadászatot" a döntésednek
> kell táplálnia.

férfiaknak „rá kell mozdulniuk" a feleségükre. Ez
azt jelenti, hogy nem fejeződik be a feladatunk férfi-
ként azzal, hogy megszereztük a lányt, sőt csak most

kezdődik amúgy igazában. Az igazi férfi folyama-
tosan „rámozdul" a feleségére. Ha valaki fiú marad,
az csak addig jár a lány sarkában, amíg el nem
veszi feleségül.

A szenvedély a házasságban olyan, mint a kandal-
lóban lángoló tűz. A tüzet csak úgy lehet fenntartani,
ha folyamatosan táplálod. A házastársad „levadászá-
sához" fát kell raknod a kandallóba. A fát a döntéseid

jelentik, nem az
érzéseid. Virágok,
A boldogtalan feleség kártyák, az ajtó
mögött lusta férj áll. kinyitása, hetente
egyszer elvinni őt

randira, közös kávézás, séta a parkban, cetliket
ragasztani a tükörre, valami kis kedvesség, aprósá-
gokkal jelezni a megbecsülést, beszélni a szeretet
nyelvén – mindezek hatására fiatalnak, szeretettnek,
szépnek, vadászzsákmánynak érzi majd magát és új
életre kel. Olyan ez, mint amikor a növény is kivi-
rágzik, ha megöntözik. Valaki egyszer azt mondta,
hogy a férj minőségét a feleség boldogsága határozza
meg. Tudom, hogy ez nem alkalmazható minden
helyzetre, de a legtöbb helyzetben igaz. Minden
boldogtalan feleség mögött egy lusta férj áll. Nem
azt mondtam, hogy rossz férj, hanem lusta férj – aki
már nem engedelmeskedik Isten utasításának, hogy
„mozduljon rá" a feleségére. Talán azt mondod: „Na
és mi van a nő szerepével, hogy tisztelnie kell a
férjét?" Ez igaz, de én úgy gondolom, hogy könnyebb

tisztelni azt a férfit, aki nagyon szeret téged. A keresztények azért vállalták még a halált is Jézusért, mert Jézus olyan drámai módon mutatta meg az egyház iránti szeretetét. Jézus nem egyszerűen beszélt az egyház iránti szeretetéről, hanem cselekedetekkel is bizonyította.

* * * *

A változás elve

Egy testté válnak

Isten a házasság három alapelvét vázolta fel Ádám és Éva esküvői szertartásán. Az első az elsőbbség elve, amely szerint el kell hagynunk apánkat és anyánkat. A második a követés elve, amely a házastársunkhoz való ragaszkodásról szól. A harmadik a folyamat elve, amely arról szól, hogy ketten eggyé válnak.

A legtöbb ember téves gondolkodásmóddal kezdi meg házaséletét: abban látja a sikeres házasság titkát, hogy a házastársukat egyre inkább önmagukhoz hasonlóvá kell tenniük. A legnagyobb

> A házasság az, amikor a férfi és a nő eggyé válik. A baj akkor kezdődik, amikor megpróbálják eldönteni, hogy melyikük legyen az, akivé válnak.

valószínűséggel olyan valakivel fogsz összeházasodni, akinek a természete a te személyiségeddel homlokegyenest ellentétes. Míg a házasság *előtt*

vonzzák egymást az ellentétek, a házasságban álta-
lában egymás ellen fordulnak. Én például
takarékoskodó vagyok, ha pénzről van szó: jobban
szeretek spórolni, mint költeni. A feleségem viszont
jobban szereti költeni a pénzt, mint félretenni.
Számomra a pénz a biztonságot jelenti, az ő számára
viszont a pénz a
boldogság keresé-
sének az eszköze.
Kezdetben küzdöt-
tünk ezzel, mert
Dave Ramsey tanít-
ványává akartam

> Míg a házasság előtt
> vonzzák egymást az
> ellentétek, a házasságban
> általában egymás ellen
> fordulnak.

tenni. Ő állandóan tehetetlen csalódottságot érzett
velem szemben ezen a téren, én pedig dühös voltam
rá. Bemegyek a boltba, megnézem az árat, aztán
eldöntöm, hogy megveszem-e vagy sem. Ezért mindig
olcsó árukat vásároltam, és általában a végén kétszer
vettem meg ugyanazt, mert ami olcsó, az valószínűleg
nem tartós. A feleségem elmegy a boltba, megvásá-
rolja a neki tetsző jó minőségű árukat, majd otthon
megnézi az árat. (Oké, lehet, hogy ez túlzás, de értsd
meg a lényeget.) A házasságban a siker, mint később
megtanultam, nem az, hogy a feleségemet takaré-
koskodóvá tegyem, és az sem, hogy a feleségem
engem költekezővé tegyen. Hanem az, hogy mind-
ketten egy kicsit jobban hasonlítsunk egymásra,
vagyis eggyé váljunk.

Ez hasonló ahhoz, mintha egy háromsávos autópályán vezetnénk. Te a belső sávban haladsz, és az a személy, akit feleségül veszel, a külső sávban közlekedik. Az eggyé válás nem azt jelenti, hogy meggyőzöd a feleséged, hogy a te sávodban vezessen, hanem azt, hogy félúton találkozol vele, és a középső sávban mentek tovább. Az eggyé válás nem a győzelemről vagy a vereségről szól, hanem a tárgyalásról. Les és Leslie Parrot így fogalmaz: „A házasság sikere nem abban rejlik, hogy megtaláljuk-e a megfelelő személyt, hanem abban, hogy mindkét partner képes-e alkalmazkodni ahhoz a valódi személyhez, akit előbb vagy utóbb elkerülhetetlenül fel fognak ismerni abban az emberben, akivel összekötötték az életüket". Az eggyé válás az a képesség, hogy alkalmazkodni tudunk ahhoz a személyhez, akivel házasságot kötünk. Ez a folyamat elve. Ahhoz, hogy ez a folyamat akadálytalanul megtörténhessen, három feltételnek kell teljesülnie: elkötelezettség, kommunikáció és konfliktus.

A házasságban elkötelezettség nélkül nem válhattok eggyé. Ha a házasságot állandónak látod a gondolkodásodban, akkor minden probléma, amivel szembesülsz, átmeneti lesz. Ha azonban a

> Ha a házasságot állandónak tekinted, akkor a házasságban minden probléma átmeneti lesz.

házasságot ideiglenesnek látod az elmédben, akkor a problémáid állandóvá válnak. Vannak olyan családból származó házasulók, ahol a válás volt a közös megoldás a házassági problémákra. Az ilyen családi múlttal rendelkező emberek számára az elköteleződés elve különösen fontos. Fel kell égetned magad mögött a válás lehetőségének hídját a gondolkodásodban. Ez nem azt jelenti, hogy házasságtörés, elhagyás vagy bántalmazás miatt nem szabad elválni, de a házasságod soha nem lesz sikeres, ha nyitva hagyjátok a válás lehetőségét.

A tartós házasság megőrzésének egyik titka a válás lehetőségének végleges kizárása.

Ne kezdjetek el játszadozni még annak a gondolatával sem, hogy hibát követtetek el, amikor összeházasodtatok.

Végezetül, ne fenyegetőzz végső érvként válással, ha vitára kerül sor, hogy így fölénybe kerülhess.

A házasság nem szerződés, hanem szövetség. A szerződés két ember közötti megállapodás, amelynek célja jogaik védelme, kötelezettségeik korlátozása és érdekeik megőrzése.

A szövetség az életed és a jogaid feltétel nélküli átadása és letétele, miközben további kötelezettsé-

> A házasság nem szerződés, hanem szövetség.

geket vállalsz és megvéded szövetséges társad érdekeit. Nem

válhattok eggyé, ha a házasságot nem szövetségnek tekintitek. Ha a házasságot szövetségnek tekinted, az magával hozza az elkötelezettséget. Az elkötelezettség segít legyőzni a „hibát követtem el" gondolatát. Ezek a gondolatok akkor merülnek fel, amikor nehézségek jelentkeznek a házasságotokban. Az elkötelezettség segít kitörölni a szótáradból a „válás" szót. Ha a házasságot szerződésnek tekinted, megengedsz magadnak negatív gondolatokat és helytelen szavakat mondasz, akkor az ördög mindezeket nyitott kapuként fogja használni és tönkreteszi a házasságodat. Csak az elkötelezettség lehet az eggyé válás alapja. A következő lépés a kommunikáció.

A kommunikáció a házassági kapcsolat éltető eleme. Enélkül nem lehet egyesülni.

A kommunikáció nem kiabálás, sírás vagy manipuláció.

A kommunikáció beszélgetés *valakivel*, nem pedig *valakihez* intézett monológ.

A másik ember megértésére, nem pedig megváltoztatására irányul.

A kommunikáció akkor sikeres, ha a férfiak arra törekednek, hogy a nők érezzék, hogy szeretik őket, a nők pedig arra, hogy a férfiak érezzék, hogy tisztelik őket. Sok könyv, podcast és blog található ebben a témában. Arra bátorítalak, hogy tanulj minél többet a párkapcsolati kommunikációról, ez nagy hasznodra válik. Számomra és Lana számára a kommunikációnk titka az volt, hogy megtanultuk egymás szeretet-nyelvét. Gary Chapman szerint öt szeretetnyelv létezik: megerősítő szavak, minőségi időtöltés, szolgálat, ajándékok és fizikai érintés. Nagyon ajánlom, hogy olvassátok el Gary Chapman Az 5 szeretetnyelv című könyvét, amelyet erről a kérdésről írt.

> A kommunikáció beszélgetés valakivel, nem pedig valakihez intézett monológ.

A kommunikáció nem egyszerűen a szavak kimondásának és a másik személytől érkező szavak meghallgatásának képessége. Ez az a képesség, amikor a kommunikációnk által a másik ember érzi, hogy szeretik és tisztelik.

Például az én elsődleges szeretetnyelvem a szolgálat, a feleségemé a fizikai érintés. Mielőtt összeháza-sodtunk, ezt én nem tudtam. A házasságunk első néhány évében állandó súrlódások voltak közöt-tünk, részben azért, mert én úgy mutattam ki neki a szeretetemet, ahogy én szerettem volna szeretetet kapni, pedig arra kellett volna koncentrálnom, hogy ő mitől érzi magát szeretve. Inkább kivettem egy szabadnapot, hogy kitakarítsam a házat, lemostam az autót, és mindent rendbe tegyek. Ő viszont úgy

reagált, hogy rövid köszönetet mondott, majd meg-
kérdezte, hogy sétálhatnánk-e egyet a parkban kézen
fogva. Ezt gondoltam: „most töltöttem hat órát a
ház súrolásával és takarításával, megérdemlek egy
hatalmas elismerést!" Úgy éreztem, hogy a szolgála-
taim elégségesek ahhoz, hogy legalább hat hónapig
ne kelljen kézen fogva andalognom vele a parkban.
Én az ő helyében nagyra értékeltem volna, ha valaki
veszi magának a fáradságot és kitakarítja a házamat.
Sőt, sokáig emlékeznék rá, mert ezek a tettek sokat
jelentenek nekem. Hibáztattam Lanát, amiért nem
értékelte, milyen csodálatos férjet kapott. Még azzal
is vádoltam, hogy nem akarja egyszerre elvégezni
az összes házimunkát. A probléma gyökere az volt,
hogy olyan nyelven beszéltem vele, amit ő nem értett,
így nem tudott rá megfelelően reagálni. Ő viszont
olyan nyelven beszélt velem, amit én nem értettem.
Az ő nyelve mindmáig a fizikai érintés.

Hagyományos ukrán otthonban nőttem fel, és csak
akkor értek hozzánk igazán, amikor elfenekeltek
minket. Tehát az érintés számomra nem kapcsolódott
össze valami kívánatos helyzettel. Egyik szülőm sem
öleléssel és puszival fejezte ki a szeretetét felém, így
természetesen nekem is nehezemre esett gyengéden
viselkedni bárkivel is. A kommunikáció a házassá-
gunkban mindaddig nem működött, amíg meg nem
tanultuk egymás szeretetnyelvét – és ez időbe telik.
Ez is része az eggyé válás folyamatának.

Az eggyé válás folyamatának utolsó része a konfliktus. Igen, a konfliktus. Konfliktus nélkül nem lehet eggyé válni. A konfliktus önmagában nem teszi eggyé a két embert, a megoldás az, ami közelebb hozza őket egymáshoz. A házasságban a nézeteltérés, a vita és a veszekedés egészséges és szükséges. A probléma nem önmagában a veszekedéssel, hanem azzal a móddal van, ahogyan a veszekedést kezelik. Az emberek kétféleképpen harcolnak egymással. Az egyik az utcai bunyó, ahol nincsenek szabályok: bárhol és bármivel üthetsz, és a cél az ellenfél legyőzése. A másik mód a boksz, ahol vannak szabályok: kesztyűt kell viselned, nem üthetsz bárhová, van bíró, és a verekedés után tiszteled az ellenfeledet. Ehhez a sporthoz jártasságra van szükség. A friss házasok gyakran az utcai bunyó stílusában küzdenek egymással – mármint képletesen. Céljuk a vita megnyerése, nem pedig a vita rendezése. A probléma helyett a házastársat támadják.

> A konfliktus célja a vita rendezése, nem pedig a vita megnyerése.

Van néhány szabály, amit Lana és én mindig betartunk, amikor veszekszünk. Nem megyünk aludni, amíg nem oldottuk meg a konfliktust. A Biblia tiltja, hogy dühösen feküdjünk le aludni. Isten azt akarja, hogy maradjunk fenn mindaddig, amíg nem sikerül lezárni a vitát. Általában este kilenckor még mindig meg vagyok győződve arról, hogy nekem van igazam, aztán este tízre már kezdek elgondolkodni azon, hogy talán tévedek. Este tizenegyre már tudom, hogy tévedtem, és éjfélre már a térdeimen állok és bűnbánatot tartok, mint a tékozló fiú. Teljesen megváltoztatta az életünket az a szabály, hogy a konfliktus megoldása nélkül nem megyünk el aludni. Voltak időszakok, amikor nagyon keveset aludtunk, ezzel kellett megfizetnünk a makacsságunk árát.

Egy másik szabály, amit követünk, hogy nem kiabálunk és nem válunk erőszakossá a vitánk során. Ha fel kell emelnünk a hangunkat vagy a kezünket, az azt jelenti, hogy rontottuk a konfliktus megoldásának esélyét. Ha megőrizzük a hidegvérünket, és soha nem válunk erőszakossá, akkor esélyt kapunk a probléma megoldására. Megígértük egymásnak, hogy nem használjuk a „soha" vagy a „mindig" szót a vitáink során. Ezek a szavak nem csak szítják a tüzet, de általában túlzásokba is esnek.

> Vitában ne mondd azt, hogy „soha" vagy „mindig".

Például az egyik házastárs azzal vádolhatja a partnerét, hogy soha nem takarít ki maga után, vagy hogy mindig a telefonhoz van ragadva. Ha valaki akár csak egyszer is takarít, vagy akár csak egyszer is leteszi a telefonját, akkor a „soha" és a „mindig" szó nem érvényes. Ezek a szavak az érzelmi frusztráció mélyebb dimenziójával egészítik ki a helyzet realitását. Feljogosítanak minket arra, hogy dühösebbnek érezzük magunkat, mint kellene.

A következő szabály, amelynek megtanulása sokkal tovább tartott, és még mindig gyakoroljuk: panaszkodni kell, nem pedig kritizálni. Ez azt jelenti, hogy az érzéseinket osszuk meg egymással, ne támadjuk a másikat. A panaszkodás hangozhat így: „úgy érzem, hogy nem szeretsz, mert nem töltesz velem időt. Több időt töltesz a hobbiddal és a barátaiddal." A kritizálás így hangzik: „szörnyű férj vagy, már régóta nem is szeretsz engem, és biztos vagyok benne, hogy már találtál valaki mást a neten. Ezért lógsz állandóan a telefonodon." Egyesek talán azt állítják, hogy a kétféle megfogalmazás egy és ugyanaz, de az első személyes sértett érzéseket oszt meg, míg a második a másik személyt támadja. Panaszkodni jó, kritizálni rossz. Úgy döntöttünk, hogy a házasságunkban megengedjük a társunknak, hogy panaszkodjon, de nem szabad védekező vagy szarkasztikus magatartást tanúsítani.

És végül: nem hozzuk fel a múltat, amikor vitatkozunk, legyen szó akár olyasmiről, ami a megismerkedésünk előtt történt, vagy valami olyan problémáról, amit már megoldottunk és megbocsátottunk egymásnak egy korábbi vitában. Helytelen és nem bölcs magatartás a múltbeli, már megoldott problémákat felhozni a jelenlegi helyzetben. Isten kegyelmet ad nekünk a mai csatákhoz, de amikor felelevenítjük azt, amit Isten már megbocsátott, és belevonjuk az aktuális csatába, azzal csak még súlyosabbá tesszük a problémát. Voltak olyan alkalmak a vitáinkban, amikor nem volt igazam, megbántódtam és vesztesnek éreztem magam, ezért kísértésbe estem, hogy emlékeztessem Lanát arra, hogy milyen bűnös volt, mielőtt megtért, és milyen helytelen módon élt. Ennek abszolút semmi köze nem volt az aktuális konfliktushoz, de az ördög ezzel a trükkel próbálta elérni azt, hogy ne érezzem olyan súlyosnak a saját hibámat. Mivel azonban megfogadtam, hogy soha nem teszem ezt, vissza kellett utasítanom az ördög eme nagylelkű ajánlatát. Voltak olyan esetek is, amikor a feleségem az aktuális vitánkból valamit az elmúlt három-hat hónapban történt eseménysorozathoz kötött. Újabb problémákkal egészítette ki a folyamatban lévő konfliktust. Folyamatosan emlékeztettem őt, hogy a jelenlegi problémával kell foglalkoznunk, majd miután az megoldódott, beszélhetünk arról, ami hónapokkal ezelőtt történt. Miután az aktuális konfliktust megoldottuk, általában nem volt szükség arra, hogy a hónapokkal korábban történtekkel foglalkozzunk.

Egyetlen kapcsolat sem teljesedhet be egész életre szóló elköteleződés, szeretetteljes kommunikáció és őszinte konfliktusmegoldás nélkül. Ez az eggyé válás elve, a folyamat Isten szerinti elve.

Összefoglalva: sok kérdést érintettünk ebben a könyvben. Mélyebben belenéztünk Ádám és Éva történetébe, a teremtéskori identitásuktól az Istennel való bensőséges kapcsolatig. Azt is megtanultuk, hogy az egyedüllét időszakának az a célja, hogy felfedezzük hivatásunkat és döntsünk a karrierünkről. Megbeszéltük Isten figyelmeztetését, hogy ne randizzunk olyan személlyel, aki nem osztja a hitünket és az értékeinket. Részletesen foglalkoztunk a kompatibilitás fontosságával a pártalálás szempontjából. Beszéltünk továbbá arról is, hogy Isten a szexualitás elaltatására kér minket, ha még nem jött el a megfelelő idő a randizásra vagy a házasságra. Ádám és Éva életét vizsgálva láthatjuk, hogy Isten megmutatja nekünk a lehetséges házastársunkat, de nekünk kell döntenünk. Végül felfedtük, hogy Isten milyen útmutatásokat adott Ádámnak és Évának a nászuk napján, és azt, hogy ez hogyan vonatkozik a mai életünkre.

Imádkozom érted, hogy amint elolvasod ezt a könyvet, akár egyedülálló vagy, akár randizol, akár házas vagy, akár elváltál, akár megözvegyültél, vagy bármilyen más helyzetben vagy, képes légy tisztább képet kapni arról, hogy Isten milyennek szánta legszentebb emberi kapcsolatunkat. Imádkozom, hogy ez a könyv segítsen neked, hogy házasságod hosszú, boldog és gyümölcsöző legyen, akár most, akár a jövőben. Isten áldjon meg.

Útmutató a téma tanulmányozásá- hoz

* * * *

1. fejezet – Halszerelem

Bevezető kérdés: Beszélj legutóbbi horgászélmé- nyedről. Szereted a halat?

Kulcsige: 1 Korinthus13:4-8.

Kérdések beszélgetésekhez:

1. Mi késztetett arra, hogy kezedbe vedd ezt a könyvet?

2. Mi a különbség a „hal"-szerelem és a „kereszt"-szerelem között?

3. Mit gondolsz, miért hagyott Isten némi időt Ádámnak, hogy egyedülálló legyen, mielőtt megteremtette Évát?

4. Mi a különbség az áhítat és az önátadás között?

5. Igaz vagy hamis: Ádám azt mondta Istennek, hogy magányosnak érzi magát.

Idézetek:

A szerelem nem valami völgy, amibe beleesel, hanem az az út, amelyet végigjársz.

Az Ige azt mondja nekünk, hogy járjunk szeretetben. A világ azt mondja nekünk, hogy szerelembe kell esnünk.

A házasság nem az a hely, ahol a szerelmet meg kell találni, hanem ahol szerelmet kell adni.

Mielőtt Ádám találkozott volna a párjával, ismerte a Mesterét.

Csak az Istennel való kapcsolat tesz téged egésszé; a romantikus kapcsolatok csak a hiányosságaidat tárják fel.

Az Istennel való kapcsolat kielégít; a romantikus kapcsolatok felnagyítanak.

Akkor állsz készen a randizásra, amikor már nincs rá szükséged.

Örvendezz Istenben, mielőtt elkezdted a randizást. Merülj el annyira Istenben, hogy a másiknak Istent kelljen keresnie, hogy megtaláljon téged.

Ahogyan a halaknak vízre, a fáknak pedig talajra, úgy az embernek Istenre van szüksége.

Az önátadás a kapcsolatról szól. Az áhítat az intimitásról szól.

* * * *

2. fejezet – Identitásunk forrása

Bevezető kérdés: Hogyan győzöd le a bizonytalanságot?

Kulcsige: Máté 7:24-29

Kérdések beszélgetésekhez:

1. A Máté 7:24-29 szerint mi az önbecsülés két forrása?
2. Melyek azok a „homokok", amelyekre az emberek az identitásuk „házát" építik a világban?
3. Mi az a két alap, amire az identitásunkat építenünk kell?
4. Igaz vagy hamis: ne kérdőjelezd meg a sötétben azt, amit Isten a fényben kinyilatkoztat.

Idézetek:

Akkor fedezzük fel, hogy kik vagyunk, amikor megtanuljuk, hogy kihez tartozunk.

A siker nem gyógyítja meg a bizonytalanságodat.

Ne kérdőjelezd meg a sötétben azt, amit Isten a fényben kinyilatkoztat.

Az énkép láncként működik: korlátozza, hogy meddig mehetsz el.

Ne hagyd, hogy a problémád az identitásoddá váljon.

A kudarc esemény, nem személy.

* * *

3. fejezet – Ha nincs pénz, nincs méz

Bevezető kérdés: Mi volt az első munkád? Mi az álommunkád?

Kulcsige: 2 Thesszalonika 3:10

Kérdések beszélgetésekhez:

1. Miért engedte meg Isten, hogy Ádámnak legyen munkája, mielőtt feleséget kapott volna?
2. Mi a különbség a karrier és a hivatás között?
3. Milyen ötletek alapján találhatod meg a karrieredet?
4. Hogyan fedezheted fel a hivatásodat?

5. Igaz vagy hamis: a hivatás azt jelenti, hogy teljes idejű szolgálatba kell állnod.

Idézetek:

Isten nem hív lusta embereket a szolgálatba.

A karrierünkről mi döntünk, a hivatásunkat felfedezzük.

A karrier természetes; a hivatás természetfeletti.

A karrier változhat, a hivatás nem.

A karrier a pénzért van, a hivatás az örökkévalóságért.

Kezdd az általános hivatásod teljesítésével, és utána pillanatok alatt nyilvánvalóvá válik a konkrét elhívásod.

Ismerd meg a küldetésedet, mielőtt társat keresel.

* * * *

4. fejezet – Randizás majmokkal

Bevezető kérdés: Milyen tulajdonságokat keresel a jövőbeli házastársadban?

Kulcsige: 2Korinthus 6:14

Kérdések beszélgetésekhez:

1. Mit jelent a *felemás iga,* ha ez a társkeresésre vonatkozik?

2. Miért döntenek a hívők úgy, hogy hitetlenekkel randiznak?

3. Azon kívül, hogy Isten igéje ellene van, milyen más okok szólnak amellett, hogy a hívők ragaszkodjanak a hívőkkel való randizáshoz?

4. Milyen leckét tanultál a kéjvágyról Dávid legidősebb fiának történetéből?

5. Igaz vagy hamis: a misszionárius randevúzás és flörtölés valakinek a megtérése érdekében nem igei.

Idézetek:

Mielőtt Isten bemutatna téged Évának, az ördög majmot fog neked felajánlani.

Mindig jobb arra várni, hogy Isten eléd hozza a megfelelő személyt, mint arra várni, hogy Isten helyrehozza a türelmetlenségből választott nem megfelelő személyt.

A tisztaság megvédi a szenvedélyt.

A biológiát vesd alá a teológiának.

A vágy önző, a szeretet áldozatos.

A vágy az elszigeteltséget keresi, a szeretet a közösséget.

A vágy kényszeríti a szexet, a szerelem kezde-
ményezi a házasságot.

A vágy fáj, a szerelem gyógyít.

A vágy nem tartós, a szerelem az idő múlásá-
val növekszik.

＊ ＊ ＊ ＊

5. fejezet – Találd meg a cipődet

Bevezető kérdés: Van kedvenc cipőd? Miért ez
a kedvenced?

Kulcsige: 1Mózes 2:20.

Kérdések beszélgetésekhez:

1. Mi volt az a fő tulajdonság, amit Ádám kere-
sett a házastársában?
2. Milyen tanulságokat tanultál a cipőkből,
amelyek a házastárs keresésére is vonatkoznak?
3. Mi az a hat tényező, amit figyelembe kell
venned, amikor a megfelelő személyt keresed?

Idézetek:

A házastárs megtalálása olyan, mint a jó cipő
megtalálása: passzolnia és illeszkednie kell.

Akkor állsz készen a randizásra, amikor
készen állsz a házasságra

A keresztény házasság titka nem a megfelelő
ember megtalálásában, hanem abban rejlik,
hogy megfelelő embernek kell lenned.

A hírnév a fényképed, a karakter az arcod.

A szerelem olyan, mint egy hosszú, édes álom,
a házasság az ébresztőóra.

Ha olyannak ismernéd magad, amilyen való-
ban vagy, házasságra lépnél-e önmagaddal?

A jellemedet a körülményeidre fogni olyan,
mintha a tükröt hibáztatnád a külsődért.

Mindannyian vagy a mentorainktól,
vagy a hibáinkból tanulunk. A hibákból
leckét kapunk, miután megsérültünk. A
mentorok leckét adnak nekünk, hogy elkerül-
jük a sérülést.

* * * *

6. fejezet – A szexualitás alvása

Bevezető kérdés: Reggeli vagy esti ember vagy?

Kulcsige: Énekek éneke 2:7

Kérdések beszélgetésekhez:

1. Mi volt Isten megoldása Ádám számára,
   amikor nem találta a megfelelő személyt?

2. Mi történne, ha valaki nem alhatna?
Hogyan kapcsolódik ez a tizenévesek szexuális tisztaságához?

3. Milyen tanulságot tudsz levonni a természetes alvásból a szexualitás elalváshoz?

4. Mi a reménysége annak, aki idő előtt ébredt rá a szexualitására?

Idézetek:

Isten munkálkodik, amíg mi várunk.

Mielőtt Isten odaállítana valakit eléd, valamit ki fog venni belőled.

A tinédzserévek olyanok, akár a tized.

Ha szexuálisan felébredtél, akkor szellemileg alszol. Ha szellemileg felébredtél, akkor szexuálisan aludni fogsz.

* * *

7. fejezet – Isten bemutat, mi választunk

Bevezető kérdés: Írd le álmaid esküvőjét!

Kulcsige: 1 Mózes 22-23.

Kérdések beszélgetésekhez:

1. Mi az a három ok, amiért az emberek azt akarják, hogy Isten döntsön helyettük a házasságukról?

2. Miért ne használjuk az „Isten mondta nekem" kifejezést egy kapcsolat elkezdéséhez?

3. Igaz vagy hamis: ha megtalálod a megfelelő embert, a házasságod automatikusan csodálatos lesz.

Idézetek:

Isten bemutatott egy nőt, Ádám feleségül vette.

A házasság nem a fiúknak való. A döntések meghozatalához érettség kell.

Semmiféle mennyei megerősítéstől nem lesz a házasságod automatikusan nagyszerű.

* * * *

8. fejezet – A legjobb házassági tanácsok

Bevezető kérdés: Írd le a szüleid házasságát. Most pedig oszd meg elképzelésedet a jövőbeli házasságodról.

Kulcsige: 1Mózes 2:24.

Kérdések beszélgetésekhez:

1. Mit jelent az ember számára, hogy elhagyja apját és anyját? Hogyan lehet ezt gyakorlatilag megtenni? Milyen elv áll még az elhagyás mögött?

2. Miért a férfinak kell ragaszkodnia, és nem a nőnek?

3. Helyes-e, ha a nő „üldözi" a férfit?

4. Milyen gyakorlati lépéseket vázolunk fel ebben a fejezetben, amelyek segítenek a pároknak „eggyé" válni?

5. Igaz vagy hamis: az elhagyás, a ragaszkodás és az eggyé válás elve csak Ádámra vonatkozik; ránk nézve teljesen irreleváns.

Idézetek:

A házasság olyan, mint egy háromszög; minél közelebb kerül mindkét ember Isten jelenlétéhez, annál közelebb kerülnek egymáshoz.

Isten első elve a házasságra vonatkozóan, hogy hagyd el apádat és anyádat. Ez a házasság elsőbbségéről szól.

Nem élvezheted egyszerre a házasság és a szingli életmód előnyeit.

Ne játszadozz a kapcsolatokkal, különben egy játékos mellett fogsz kikötni.

Az üdvösség elnyerése

„Higgy az Úr Jézus Krisztusban, és üdvözülsz"
(ApCsel 16:31).

Mielőtt hinni tudnál Jézusban mint Megváltódban, tudnod kell, hogy miből kell megmenekülnöd. Az esernyő megment az átázástól. A sisak megment a sérüléstől. Jézus megmenthet a bűneid büntetésétől és hatalmától.

Mindannyian vétkeztünk Isten ellen (lásd Róma 3:23). Hiába próbálunk igazán jók lenni, akkor is elmaradunk Isten tökéletes mércéjétől. Minden nap vétkezünk Isten ellen azzal, hogy nem engedelmeskedünk a Bibliában szereplő parancsolatainak, például hogy őt szeressük a legjobban, tiszteljük a szüleinket, és mondjunk igazat.

Isten szent (tökéletes és nincs benne semmi tisztátalanság); a hitetlen bűnösöket úgy bünteti, hogy az örök halál és gyötrelem helyén, a pokolban elkülöníti őket (lásd Róma 6:23). Nagy szeretetének köszönhetően Isten elküldte saját Fiát, Jézust, hogy megmentsen minket ettől a büntetéstől azáltal, hogy helyettünk meghalt a kereszten. Ezután Jézus feltámadt a halálból, bizonyítva ezzel a bűn és a halál feletti győzelmét.

„Ha száddal megvallod az Úr Jézust, és szívedben hiszed, hogy Isten feltámasztotta őt a halálból, üdvözülsz. Mert szívvel hiszünk az igazságra, és szájjal teszünk vallást az üdvösségre." (Róma 10:9-10).

Ha szeretnéd elfogadni Jézus Krisztust és az ő üdvösségét, kérlek, mondd el ezt az imát:

*Hozzád jövök, Jézus, hogy átadjam neked a
szívemet és az életemet. Megvallom, hogy nem én
vagyok a saját életem ura, hanem te vagy az. Kérlek,
bocsásd meg bűneimet és tisztíts meg engem.
Azért kérem ezt, mert hiszem, hogy te megfizetted
az árat minden rosszért és bűnért, amit valaha
elkövettem. Mostantól fogva szívembe fogadom a te*

igazságodat, és kijelentem, hogy üdvözültem és a te gyermeked vagyok!

Üdvözöllek Isten családjában és a Krisztusban megtalált új életedben!

A szerzőről

Vladimir Savchuk a HungryGen mozgalom vezetője és egy multikulturális gyülekezet lelkipásztora, amely világos, pontosan körülhatárolt jövőképpel rendelkezik: a lelkek megmentése, a gyógyulás, a szabadulás és a fiatal vezetők felnevelése. Ő vezeti az évente megrendezett „Raised to Deliver" és „Holy Spirit" konferenciákat, amelyek ezreket vonzanak a világ minden tájáról. Két különböző gyakornoki programot is vezet, az egyiket tizenéveseknek, a másikat fiatal felnőtteknek. Vlad lelkész keresett előadó különféle konferenciákon és táborokban. Nemrégiben jelent meg első könyve „Break Free" címmel a szabadságról és az elme megújulásáról.

Vlad Ukrajnában született és keresztény családban nőtt fel. Tizenhárom évesen vándorolt be az Egyesült

Államokba, és tizenhat évesen lett ifjúsági lelkész. A közelmúltban nevezték ki a HungryGen Church vezető lelkipásztorává.

Vlad nős, gyönyörű felesége Lana, akivel szívesen tölti együtt az idejét, és örömmel végeznek együtt szolgálatot.

Kapcsolattartási lehetőségek

facebook.com/vladhungrygen

twitter.com/vladhungrygen

instagram.com/vladhungrygen

youtube.com/vladimirsavchuk

www.pastorvlad.org

www.vladschool.com

Ha van tanúságtételed a könyv olvasásáról, kérlek, küldj e-mailt a hello@pastorvlad.org címre.

Ha szeretnél posztolni erről a könyvről a közösségi médiában, kérjük, használd a #pastorvlad vagy a #hungrygen hashtaget.

További információért látogass el a www.hungrygen. com weboldalra.

Jegyzetek

[i] Flanagan, Graham (2017. november 10.). Shaq: How Spending $1 Million in One Day Changed My Financial Strategy Forever. Lekérdezés időpontja: 2019. június 12., Lelőhely: https://www.businessinsider.com/shaquille-o-neal-personal-finance-money-strategy-2017-11

Newcomb, Tim (2012. május 8.). Call Him Dr. Shaq: Shaquille O' Neal Earns Ph.D. Lekérdezés időpontja: 2019. június 12., Lelőhely: http://newsfeed.time.com/2012/05/08/call-him-dr-shaq-shaquille-oneal-earns-ph-d/

Berman, Nat (2016). How Shaquille O' Neal Became a Succesful Entrepreneur. Lekérdezés időpontja: 2019. június 12., Lelőhely: https://moneyinc.com/shaquille-oneal-entrepreneur/